地震防災学

検索情報に基づいた地震防災の基礎知識

大塚久哲［編著］

九州大学出版会

まえがき

　地震防災という言葉の意味するところは広い．そこで，これを実際対応と研究の二面から眺め，また震前対策か震後対策かという時間軸を考えて整理すると，図-1のように表示することができよう．

　実際対応としてのテーマを震前から震後へと時系列的に並べると，被害想定・防災計画，耐震基準の策定，耐震設計・補強，救援・復旧，復興事業などに区分できる．一方，研究的なテーマを同様に時系列的に並べると，過去の被害調査，発生地震の予想，避難行動の研究，耐震性能の究明，（新たに発生した地震の）被害調査，復興支援となる．また，それぞれのテーマの担い手を考えると，震前対策は主に技術者・研究者・行政であり，地震直後は消防・医療・警察・自衛隊・行政の担当者の活動が期待され，その後，また技術者・研究者・行政が主に活動していくものと思われる．

　以上のように地震防災という課題を区分けすると，大きくは図-1の3つの楕円と，2つの大きな長方形の枠組みに分類され，細かな区分としてはその中の11の枠囲みの課題に分けられる．

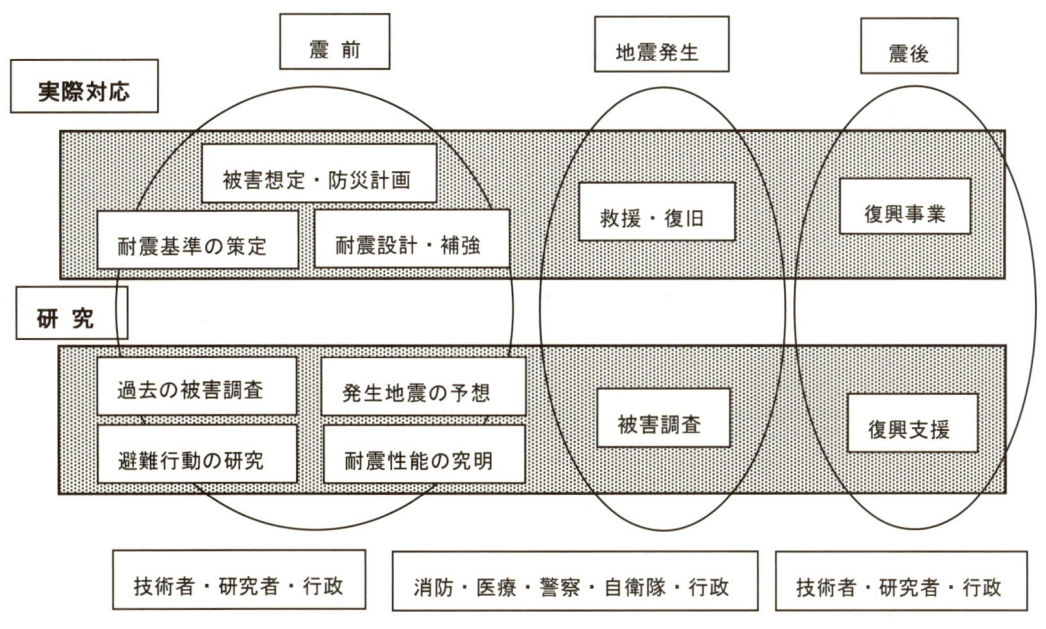

図-1　地震防災に関わる課題のグルーピング

　本書はこのような時系列を意識して地震防災に関する内容を1冊にまとめたもので，これから地震防災を学ぼうとする学生は勿論，現在，地震防災に関わる仕事をされている方々，

被災者のための活動を志している方々に読んでいただき，地震に対して安全・安心な社会の構築に対して，本書がいささかなりとも貢献できれば編著者の喜びとするところである．

　末筆ながら，九州大学出版社の永山俊二氏には本書の原稿を丁寧に読んでいただき，多くのご指摘をいただいた．記して謝意を表する．なお，本書の成立過程に関しては，あとがきに述べさせていただいた．

2010 年 9 月

編著者　大塚久哲　記す

目　次

まえがき ……………………………………………………………………… i

1章　地震による被害想定
　1．1　はじめに ………………………………………………………………… 1
　1．2　首都直下地震 …………………………………………………………… 1
　1．3　東海地震 ………………………………………………………………… 4
　1．4　おわりに ………………………………………………………………… 7

2章　国レベルの危機管理体制－日米比較
　2．1　はじめに ………………………………………………………………… 9
　2．2　震災と危機管理 ………………………………………………………… 9
　2．3　米国の危機管理体制 …………………………………………………… 10
　2．4　日本の危機管理体制の強化 …………………………………………… 12
　2．5　今後の危機管理体制のあり方 ………………………………………… 15
　2．6　おわりに ………………………………………………………………… 16

3章　首都直下地震に対する対策の現状
　3．1　はじめに ………………………………………………………………… 19
　3．2　首都直下地震対策大綱および地震防災戦略 ………………………… 19
　3．3　具体的な対策 …………………………………………………………… 20
　3．4　おわりに ………………………………………………………………… 23

4章　地震に強い地域（県・市規模）づくり
　4．1　はじめに ………………………………………………………………… 25
　4．2　大規模地震対策に関する法律等 ……………………………………… 25
　4．3　静岡県の地域防災計画等 ……………………………………………… 27
　4．4　神戸市の地域防災計画等 ……………………………………………… 28
　4．5　おわりに ………………………………………………………………… 33

5章　地震に強い街づくり
　5．1　はじめに ………………………………………………………………… 35
　5．2　建物の耐震性向上 ……………………………………………………… 35
　5．3　高架橋梁の耐震性向上 ………………………………………………… 37
　5．4　都市ガス・水道施設の地震対策 ……………………………………… 38
　5．5　不整形地盤における地震動増幅への対処 …………………………… 39

5．6　地中構造物の耐震安全性 ………………………………………………… 40
　　5．7　住宅密集地の改良 ………………………………………………………… 41
　　5．8　液状化地盤対策 …………………………………………………………… 42
　　5．9　津波対策 …………………………………………………………………… 43
　　5．10　おわりに ………………………………………………………………… 43

6章　防災対策と事業継続計画
　　6．1　はじめに …………………………………………………………………… 45
　　6．2　企業の防災対策 …………………………………………………………… 45
　　6．3　事業継続計画 ……………………………………………………………… 48
　　6．4　インフラ系企業等の事業継続計画 ……………………………………… 49
　　6．5　建設会社の事業継続計画 ………………………………………………… 52
　　6．6　国・地方自治体の業務継続計画 ………………………………………… 53
　　6．7　事業継続計画の現状と課題 ……………………………………………… 55
　　6．8　おわりに …………………………………………………………………… 56

7章　中山間地に発生する孤立集落と防災対策
　　7．1　はじめに …………………………………………………………………… 59
　　7．2　孤立集落とは ……………………………………………………………… 59
　　7．3　新潟県中越地震における孤立集落 ……………………………………… 60
　　7．4　孤立集落特有の課題 ……………………………………………………… 62
　　7．5　新潟県中越地震以後の国・自治体の孤立集落対策 …………………… 64
　　7．6　おわりに …………………………………………………………………… 66

8章　緊急地震速報
　　8．1　はじめに …………………………………………………………………… 67
　　8．2　緊急地震速報とは ………………………………………………………… 67
　　8．3　高度利用者向け緊急地震速報の使用例 ………………………………… 68
　　8．4　一般向け緊急地震速報の発表事例 ……………………………………… 69
　　8．5　一般向け緊急地震速報の表示に関する提案 …………………………… 72
　　8．6　おわりに …………………………………………………………………… 73

9章　原子力発電所の地震対策
　　9．1　はじめに …………………………………………………………………… 75
　　9．2　原子力発電とその事故の特徴 …………………………………………… 75
　　9．3　原子力発電所の安全確保 ………………………………………………… 76
　　9．4　原子力発電所の耐震指針 ………………………………………………… 76

9．5　新潟県中越沖地震と柏崎刈羽原発 …………………………78
　9．6　おわりに …………………………81

10章　中山間地地震における被害と災害復旧
　10．1　はじめに …………………………83
　10．2　新潟県中越地震の概要 …………………………83
　10．3　一般道路の被災と復旧 …………………………84
　10．4　高速道路（関越自動車道）の被災と復旧 …………………………87
　10．5　道路の震災復旧に関して …………………………87
　10．6　新幹線の高架橋とトンネルの被害及び復旧 …………………………90
　10．7　芋川河道閉塞対策工事 …………………………92
　10．8　おわりに …………………………92

補遺1　文部科学省の地震調査研究推進本部の活動 …………………………95
補遺2　地震の大きさ及び活断層の性質 …………………………96
補遺3　気象庁の震度階級 …………………………97
補遺4　台湾921集集地震の特徴と被害概要 …………………………99
補遺5　地震後の身体の管理と地震関連死 …………………………106
補遺6　地震後のこころのケア …………………………109

あとがき …………………………113
地震防災に関する参考書リスト …………………………115
索引 …………………………117

1章　地震による被害想定

1.1　はじめに

　1995年に阪神・淡路大震災を経験して15年が経過したが，あのときの神戸地域における悲惨な光景は多くの読者の脳裏に今も焼き付いているだろう．1995年以後も日本を含めた世界各地で大地震が発生している．最近では2004年10月に新潟県中越地震，同年12月にスマトラ沖地震，2005年3月に福岡県西方沖地震，同年10月にパキスタン北部地震，2007年3月に石川県能登半島沖地震，7月に新潟県中越沖地震が起きている．さらに，2008年5月に中国四川大地震が，同年6月には岩手・宮城内陸地震，2010年には1月にハイチ地震，2月にはチリ地震と大きな地震が頻繁に起きている．

　スマトラ沖地震（M9.3）は，死者22万人以上を出す大津波を引き起こした．また，ハイチ地震(M7.0)でも死者が20万人を超えたとされる．パキスタン北部での地震（M7.6）では，パキスタン・インドあわせて9万人以上の死者を出している．さらに中国四川大地震(M7.9)では，死者行方不明者を合わせて8.7万人以上となっている（Mは地震規模を示すマグニチュードを表す，以下本書ではMと記す）．

　このような状況の中で，我が国では，M7.0以上の首都直下地震，海溝型の東海・東南海・南海地震などに対して国民の関心が高く，政府等から地震が起きた際の被害想定が発表されている．本章では，これらについて概観する．

1.2　首都直下地震

1.2.1　概要

　内閣府をはじめ東京都・千葉県・神奈川県・埼玉県による被害想定地震の中では，最も緊急課題として取り組むべき対象地震は，内陸で発生する直下地震であるとしている．

　地震対策を考えるためには，地震災害の事前評価をする必要があるが，これには大きく分けて2種類あり，1つは被害想定，もう1つは地域危険度の評価である．本節では，この2つについて概略を述べる．

1.2.2　首都直下地震の被害想定

　中央防災会議の「首都直下地震対策専門調査会（2003年5月～2005年7月）」が，2005年に首都直下地震の被害想定を公表した．東京都防災会議は中央防災会議の公表を踏まえ，2006年に新たに被害想定を公表した．

　中央防災会議の被害想定の前提条件は，（1）3パターンの地震に対する計18ヵ所の震源，（2）4つの季節と時間（冬の朝5時・秋の朝8時・夏の昼12時・冬の夕方18時），（3）2

通りの風速（3m/s と 15m/s）の組み合わせによるものである．風速 15m/s は，関東大震災（1923年）時の風速で，特殊な条件下での風速である．したがって，東京都防災会議では，冬の平均風速の約 2 倍の 6m/s も想定している．

表－1.2.1 に，東京都と中央の両防災会議の被害想定を示す．条件は東京湾北部地震（プレート間），冬の夕方 18 時，風速 15m/s である．東京都内の被害想定は，両防災会議でほぼ同様の結果となっている．また，中央防災会議の関東全域の被害想定では，最大で死者 11,000 人，建物被害約 85 万棟となっており，首都直下地震の被害の甚大さが浮き彫りになっている．また，この首都直下地震では，最大で 650 万人の帰宅困難者，ピーク時には 700 万人の避難者など，都市型災害特有の被害も想定している．

図－1.2.1 に，同地震の経済被害の想定結果を示す．経済被害は最大で 112 兆円（国家予算の 1.4 年分，国内総生産（GDP）の 2 割に相当）となり，阪神・淡路大震災の被害 10 兆円のおおよそ 11 倍の被害となる．その詳細は，物的被害が 66.6 兆円，首都の経済中枢機能支障といった間接被害（生産額の低下）が 39.0 兆円，交通ネットワーク機能支障による間接被

表－1.2.1　東京湾北部地震の被害想定 [1)2)]

条件			東京都防災会議	中央防災会議	
条件	規模		東京湾北部地震 M7.3		
	時期及び時刻		冬の夕方 18 時		
	風速		15m/s		
	想定区域		東京都		関東圏
人的被害	死者		6,413 人	7,800 人	約 11,000 人
	原因別	揺れ・液状化による建物倒壊	1,737 人	2,200 人	3,100 人
		地震火災	3,517 人	4,700 人	6,200 人
		急傾斜・落下物・ブロック塀	769 人	900 人	1,700 人
		交通被害	390 人	－	200 人
物的被害	建物被害		471,586 棟	約 530,000 棟	約 850,000 棟
	原因別	揺れ・液状化による建物倒壊	126,523 棟	約 120,000 棟	約 195,000 棟
		地震火災	345,063 棟	約 410,000 棟	約 650,000 棟
	交通	道路	607 箇所	約 720 箇所	約 1,250 箇所
		鉄道	663 箇所	約 620 箇所	約 810 箇所
その他	帰宅困難者の発生		4,476,259 人	約 390 万人	約 650 万人
	避難者の発生（ピーク：1 日後）		3,990,231 人	約 310 万人	約 700 万人
	エレベータ閉じこめ台数		最大 9,161 台	－	－
	自力脱出困難者		22,713 人	約 32,000 人	約 43,000 人
	震災廃棄物		4,183 万トン	約 6,700 万トン	約 9,600 万トン

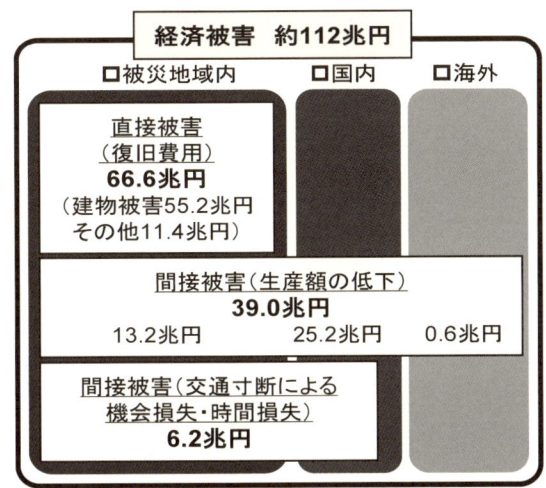

図-1.2.1　東京湾北部地震の経済被害想定[2]

害（交通寸断による機会損失・時間損失）が6.2兆円となっている．被災地域内に留まらず，被災地域外や海外でも膨大な経済被害が発生することがわかる．これらの被害想定が，地震対策の方針を考える基礎となる．

1.2.3　地震に関する地域危険度調査

　東京都では，東京都震災対策条例（当時は震災予防条例）に基づき，1975年11月に第1回（区部）の地域危険度を公表した．その後，市街地の変化を表わす建物などの最新データや新たな知見を取入れ，概ね5年ごとに調査を行っており，2008年に第6回の公表を行った．調査では，都内の市街化区域の5,099町丁目について，各地域における建物の倒壊及び火災に関する危険性を推定している．

　前項の被害想定は，発生する確率が高い特定の地震を想定していることから，想定震源地から離れると揺れが少ない等，影響を受ける地域やその程度が限定的なものとなる．これに対し，地域危険度は都内の町丁目の地震に対する危険性を比較するため，特定の地震を想定するのではなく，全ての町丁目直下の地盤で同じ強さの揺れが生じた場合の危険性を評価しており，被害想定とは異なる．

　建物倒壊危険度および火災危険度を考慮した総合危険度に関しての，東京都23区内の地域危険度[3]を見れば，千代田区は日本の都市中枢機能が集中していることから，防災対策が整備されており，危険度が低い町丁目が多いのに対し，下町地域（台東，墨田，江東，荒川区等）は，地震の揺れを増幅する軟らかい地盤（沖積低地）が多いことに加え，市街化が早くから進んで木造住宅密集地域が多いことから，危険度が高い町丁目が多くなっていることなどが確認できる．

　東京都では「防災都市づくり推進計画」や延焼遮断帯となる沿道一体整備事業，建物の不燃化などを進める木造住宅密集地域整備事業などの各種事業を実施する地域の選定にこの結果を活用している．

1.3 東海地震
1.3.1 東海地震とは

日本列島付近ではユーラシア・北アメリカ・太平洋・フィリピン海の4枚のプレートがぶつかり合っている．プレートがぶつかり合う境界には，トラフと呼ばれる海溝ができている．東の駿河湾内から遠州灘沖までが駿河トラフ，それより西側が南海トラフである（図－1.3.1）．

広義の東海地震とは東海地震，東南海地震，南海地震の3つを総称している．駿河湾内に位置する駿河トラフで発生する地震が東海地震，南海トラフで起こる地震で，浜名湖から紀伊半島潮岬沖までを震源とする地震が東南海地震，潮岬沖から四国の足摺岬沖までを震源とする地震が南海地震といわれている．いずれの地域も，フィリピン海プレートは西南日本の地殻の下に潜り込んでおり，両者の境界に溜まったエネルギーが限界に達したとき，巨大地震が発生するとされている．

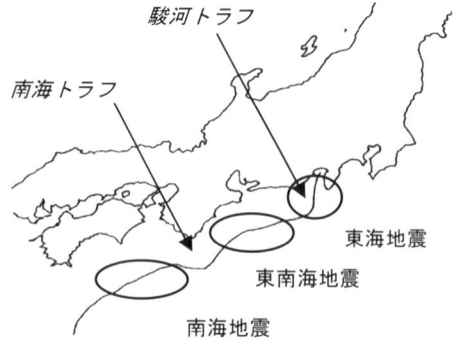

図－1.3.1　東海地震の概念図

広義の東海地震に関し，15世紀からの発生状況を詳しく見れば次のようである[4,5]．

① 1498年明応地震（M8.2～8.4，東海，東南海）
　静岡県で流死26,000人，伊勢志摩と伊勢大湊で溺死15,000人．南海トラフ沿いの巨大地震．

② 1605年慶長地震（M7.9，東海，東南海？，南海）
　千葉県犬吠埼から九州までの広域を津波が襲い，全体で死者2,300余人．

③ 1707年宝永地震（M8.4，東海，東南海，南海）
　わが国最大級の地震の一つ．遠州灘と紀伊半島沖で2つの巨大地震が同時に起こったとも考えられている．全体で少なくとも死者2万人．

④ 1854年安政東海地震（M8.4，東海，東南海），安政南海地震（M8.4，南海）
　安政東海地震の32時間後に南海地震が発生したという．安政東海地震は，津波が房総から土佐までの沿岸を襲い，死者は2,000人から3,000人．安政南海地震は，津波が大きく，波高16mを記録したところがあり，全体で数千人の死者．

⑤ 1944年東南海地震（M7.9，東南海），1946年南海地震（M8.0，南海）
　この時には2年間に2つの地震が発生．東南海地震では，静岡・愛知・三重などで合わせて，死・不明者1,223人．南海地震では静岡県から九州にかけて津波が襲い，死者1,330人．

上記の地震を時系列で並べれば図－1.3.2のように表され，東海，東南海，南海地震は連動して起こる可能性が高いことがわかる．1944年の東南海地震では，東海地震は起きていないことから，150年以上の空白期間を持つ東海地震は「いつ起きても不思議ではない」と言われている．また，これらの期間に限ってみれば東海地震が単独で起こった例もないことから，東南海・南海地震との同時発生も危惧されている．

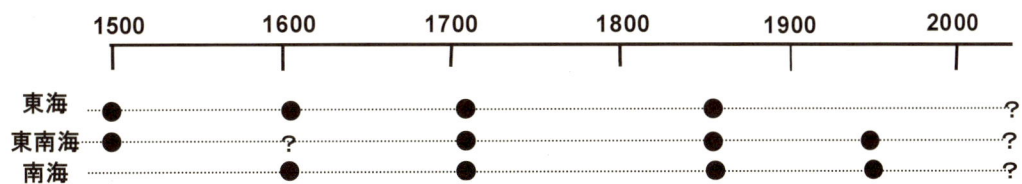

図−1.3.2 東海・東南海・南海地震の発生間隔

1.3.2 東海地震の被害想定

東海地震のパターンとしては，次の3つのシナリオが考えられている（図−1.3.2 参照）．
① 前回の地震ですべり残った「東海地震」が単独で起きる場合．
② 「東南海地震」「南海地震」が同時か，またはわずかの時間差をおいて起きる場合．
③ 3つの地震が連動して同時に起きる場合．

政府の中央防災会議「東海地震対策専門委員会」は 2003 年 3 月，東海地震発生による被害想定結果を発表した[2]．想定される東海地震の規模は M8.0（上記①の場合）．想定ケースは多岐にわたっており，以下のとおりである．

地震発生時間に関しては，建物被害の影響が最も大きい冬の朝 5 時（阪神・淡路大震災と同様），多くの人が自宅から離れて職場等にいる秋の昼 12 時（関東大震災と同様），火災の影響が最も大きい冬の夕方 18 時の場合．

津波の想定に関しては，住民の意識が高い場合，低い場合，地震動により水門の機能低下が発生した場合．火災の想定に関しては，風速 3m/s（阪神・淡路大震災と同様）と風速 15m/s（関東大震災と同様）の場合．

地震予知情報の有無に関しては，警戒宣言の発令がなくて起こった場合と，発令された場合．

東海地震は，地震の前に前兆すべり（プレスリップ）と呼ばれるものが観測されると考えられており，予知が可能であると言われている．そのプレスリップが観測されれば，段階的に以下の情報を出していくことにしている．
① 「東海地震観測情報」：東海地震の前兆現象について直ちには評価できない場合．
② 「東海地震注意情報」：東海地震の前兆現象である可能性が高まったと認められた場合．
③ 「東海地震予知情報」：東海地震が発生するおそれがあると認められた場合．「警戒宣言」が発せられる．

これらの想定ケースにおける建物の被害想定を表−1.3.1，1.3.2 に示す．地震予知情報があれば火災による想定被害は大幅に減少する結果となっている．また，人的被害の被害想定を表−1.3.3，1.3.4 に示す．人的被害に関しても地震予知情報がある場合は，死傷者数が大幅に減少する．（表中の合計値は表中の値を足し合わせて算出している．）

東海地震の場合は予知が可能であるかもしれないという期待があり，被害想定でも二通りの予想となっているが，準備する側としては最悪のシナリオを想定しておく必要がある．

同様に中央防災会議は，東南海と南海地震が同時に起きた場合，東海・東南海・南海地震の3つが同時に起きた場合の被害想定も発表している．

大地震の経験のない大多数の国民にとっては，以上のような被害想定の数値を見ても実感が

伴わないかも知れない．しかし，国民一人一人が防災意識を持って備えることが必要であり，このような被害想定から地震が起きたときの状況を具体的に想像することが重要である．

表-1.3.1 建物の被害想定（地震予知情報なし）[2]

項目		5時	12時	18時
揺れによる被害		木造約140,000棟＋非木造約30,000棟＝合計170,000棟		
液状化による被害		木造約22,000棟＋非木造約3,600棟＝合計25,600棟		
津波による被害		約6,800棟（地震により水門閉鎖が不能の場合：約10,000棟）		
急傾斜地崩壊による被害		約7,700棟		
火災による被害	風速 3m/s	約14,000棟	約14,000棟	約110,000棟
	風速 15m/s	約50,000棟	約49,000棟	約250,000棟
合計		約224,100棟～約263,300棟	約224,100棟～約262,300棟	約320,100棟～約463,300棟

表-1.3.2 建物の被害想定（地震予知情報あり）[2]

項目		5時	12時	18時
火災による被害	風速 3m/s	約7,400棟	約7,400棟	約21,000棟
	風速 15m/s	約190,000棟	約19,000棟	約76,000棟

表-1.3.3 人的被害想定（地震予知情報なし）[2]

項目		5時	12時	18時
揺れによる被害(死者)		約6,700人	約3,400人	約3,400人
津波による被害	避難意識が高い場合	約400人（約700人）	約200人（約400人）	約200人（約400人）
	避難意識が低い場合	約1,400人（約2,200人）	約600人（約1,000人）	約700人（約1,100人）
急傾斜地崩壊による死者		約700人	約400人	約400人
火災による死者	風速 3m/s	約200人	約80人	約600人
	風速 15m/s	約600	約300人	約1,400人
人的被害の合計	死者	約8,000人～約9,400人	約4,080人～約4,700人	約4,600人～約5,900人
	水門閉鎖不能の場合	約8,300人～約10,200人	約4,280人～約5,100人	約4,800人～約6,300人
	重傷者	約15,000人	約11,000人	約12,000人
	要救助者	約42,000人	約27,000人	約31,000人

（注）（　）内の数値は，地震動による水門閉鎖が不能の場合，また，津波による海水浴客等の死者，及び地滑り・大規模崩壊による死者は想定数値不明示．

表－1.3.4 人的被害想定（地震予知情報あり）[2]

項目		5時	12時	18時
人的被害の合計	死者	約2,000人～約2,300人	約1,000人～約1,100人	約1,000人～約1,400人
	水門閉鎖不能の場合	約2,000人～約2,400人	約1,000人～約1,200人	約1,100人～約1,500人
	重傷者	約4,000人	約3,000人	約3,300人
	要救助者	約11,000人	約6,800人	約7,900人

1.4 おわりに

　関東，東海地震における被害想定についてまとめた．現在までに発表された被害想定が現実のものになるかどうかは分からない．とくに，東海地震の場合，地震が予知できたときには被害が大幅に減少するとしているが，地震を予知するのは非常に難しいことであり，地震予知情報なしの場合の被害想定を前提にすべきかもしれない．

　被害想定は地方自治体の地震対策のもとになるが，地震が発生したときに，予期せぬ事態が起こることも想定しておく必要がある．例えば，原子力発電所の震災である．原発震災がひとたび発生すれば，現在の被害想定を超える被害がでることも予想される．原発震災については，2007年新潟県中越沖地震の柏崎刈羽原発で現実のものとなった．これについては9章で詳しく見ていく．

　被害想定は私たちに地震の恐ろしさを警告するものであり，これを受けて私たちは地震に対する対策を真剣に考える必要がある．しかし，被害想定はあくまで予想であるので，被害想定を鵜呑みにすることなく，想定を超えた地震にも対応できる備えと心構えが要求される．

（注）本書では兵庫県南部地震と阪神・淡路大震災という2つの言葉を使用しているが，前者は地震そのものの名前で，後者は地震による被災を指している．

参考文献

1) 東京都防災HP：http://www.bousai.metro.tokyo.jp/index.html
2) 中央防災会議：http://www.bousai.go.jp/chubou/chubou.html
　　　　　　　　http://www.bousai.go.jp/syuto_higaisoutei/index2.html
3) 東京都都市整備局：http://www.toshiseibi.metro.tokyo.jp/
4) 国立天文台編：理科年表，丸善，2002
5) 高嶋哲夫：巨大地震の日—命を守るための本当のこと，集英社新書，2006

2章　国レベルの危機管理体制—日米比較

2.1 はじめに

　阪神・淡路大震災から10年以上が経過し，日本の防災行政は以前と比較にならないほど進化した．なかでも国を頂点とする初動体制の改善については，国内外から高い評価が与えられている．日本が危機管理体制を充実させてきた背景には，過去の大震災における苦い経験がある．また，米国の連邦危機管理庁（FEMA：Federal Emergency Management Agency）を中心とした危機管理体制に学んだことも大きい．FEMAは米国の危機管理を一元的に担う行政機関であり，大規模災害時に大統領宣言を受けて，各種支援を行う強力な権限が与えられている．1994年のノースリッジ地震ではFEMAを中心にした危機管理体制がよく機能し，地震による社会的混乱を最小限にとどめたことは高く評価されている[1]．

　本章では，日米の危機管理体制の発展の経緯を概観し，今後の危機管理のあり方を考察する．

2.2 震災と危機管理

2.2.1 危機管理とは

　危機を予防したり，危機発生後の対応措置を速やかに講ずることを危機管理という．ここでいう危機は，地震や洪水などによる自然災害はもちろんのこと，原発事故やテロなど多岐にわたるが，ここでは特に地震時の危機管理に限定して論じる．

　危機管理の重要性が指摘されるようになったのは，阪神・淡路大震災，東海村臨界事故，地下鉄サリン事件，新感染症，同時多発テロ等，自然あるいは人的災害が頻発するようになったことが背景にある．また，震災に関して言えば，今世紀前半に首都直下地震・東海地震等の発生の切迫性が指摘されており，実効性のある地震防災体制の構築が急がれていることも影響している．

2.2.2 阪神・淡路大震災と行政対応

　1995年の阪神・淡路大震災では，国の初動体制の不備が指摘された．国レベルでは，当時の国土庁防災局が国の非常災害対策本部の事務局になり，被害情報の取りまとめと省庁間の総合調整を担当したが，なかなか被害情報をつかむことができなかった．また，災害時にリーダーシップをとるべき首相官邸の動きが鈍かったことも当時指摘された．

　このように災害に即応すべき国の危機管理体制が不十分で，被害の拡大を許したために，国の防災行政は厳しい批判に曝されることになった．しかし，このことにより，以後の防災行政は飛躍的に発展したと言える．

2.3 米国の危機管理体制

2.3.1 FEMAの概要

阪神・淡路大震災のちょうど1年前の1994年，米国ロサンゼルス市近郊をノースリッジ地震が襲った．このときに連邦政府の災害対応計画に基づいて災害対応にあたったのがFEMAである．FEMAを中心とする災害対応機関の活動により，被害が最小限にとどめられたといわれている．

FEMAは，1979年3月のスリーマイル島原発事故を契機に，連邦災害援助庁や消防庁などに分散していた危機管理業務を担う組織を統合して設立された．またそれに伴い，全国気象サービスや緊急放送システムなどの業務も統合されることになった．FEMAはワシントン本部のほか，全米に10ヵ所の地域事務所と山岳気象センターなどを有している．

2.3.2 FEMAの位置付けと役割

FEMAの活動の根拠はロバート・T・スタッフォード法（The Stafford Act, 1988年改称）にある[1]．スタッフォード法によれば，災害発生時に被災自治体が対応できる規模を超えていると判断した場合，大統領に対し緊急事態宣言の要請を行うことができる．緊急事態宣言が出されると，連邦政府による直接援助が可能となり，その主体をFEMAが担うことになる．また，上記のスタッフォード法に基づき連邦政府・州・地方自治体が緊密に連携して活動を展開するために，連邦政府対応計画（FRP：The Federal Response Plan）が定められており，たとえば，以下のように大災害に備えて省庁間の合意を交わしておくこと，連邦政府が有する各種資源を提供することが明記されている[1]．

・災害時に対応する関係各機関と合意を交わすこと
・効果的な災害対応を実施するために，連邦政府が有する各種資源を集約すること
・「ロバート・T・スタッフォード災害救助及び緊急援助法」に基づいて各種支援を実施すること
・救援・復旧・被害軽減などの連邦政府の役割を履行し，州と地方政府の支援にあたること

図－2.3.1にFEMAの位置付けおよびその役割を示した[2]．大規模災害が発生した場合，FEMAは上記の連邦政府対応計画をもとに政府の資材を全面的に活用することができる．その際には28の政府関係機関が関わり，これらを通じて州政府・地方政府に対して援助を行うことになる．特筆すべきは，この計画に署名した政府機関が，災害対応において全ての権限をFEMAに提供することを約束していることである[3]．

2.3.3 ノースリッジ地震におけるFEMAの活動

FEMAの名を一躍有名にしたのは1994年にロサンゼルス近郊で起きたノースリッジ地震であろう．被害の規模を阪神・淡路大震災と比較して表－2.3.1に示す．阪神・淡路大震災と同様に早朝の地震発生にもかかわらず死者数が格段に少ないが，これは住宅崩壊による圧死が少なかったことも一因ではあるが，FEMAや州，地方政府の迅速な対応がその後の被害の拡大を最小限にとどめたことも見逃せない要因であろう．

2章 国レベルの危機管理体制－日米比較

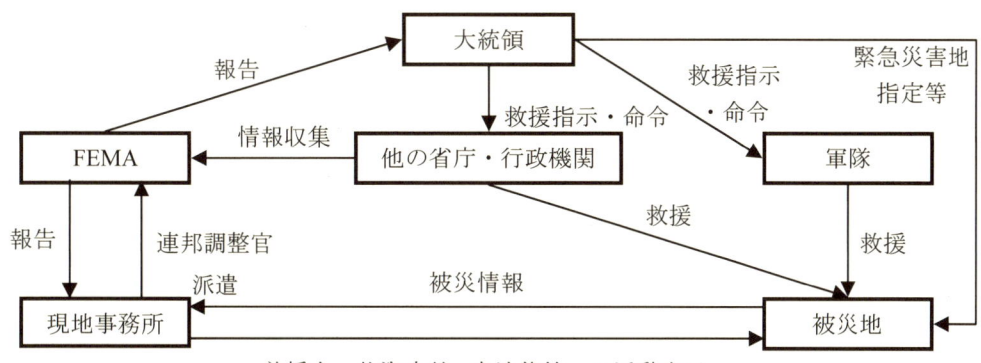

図－2.3.1 FEMA の位置付けと役割[2]

表－2.3.1 兵庫県南部地震とノースリッジ地震[4]の比較

	兵庫県南部地震	ノースリッジ地震
地震概要	1995.01.17, 5:47 発生 淡路島北部　M7.2	1994.01.17, 4:31 発生 カリフォルニア州北部　M6.7
被害・損害	被災人数：約 360 万人 避難人数：約 32 万人 全壊住家数：10.5 万棟 負傷者：43,792 人 死者：6,434 人 損害額：約 10 兆円	被災人数：－ 避難人数：－ 危険・立入制限住家数：1.4 万棟 負傷者：9,348 人 死者：61 人 損害額：約 300 億ドル
対応	政府対策本部設置：同日 10 時 過ぎ(閣議) 知事の要請による自衛隊救助 出動開始：同日 11 時過ぎ	FEMA　首長の指示 15 分以内

　米国では災害対応の第一義的責任は地方政府にある．地方政府や州の対応能力を超える場合には，州知事の要請に基づき，連邦政府の支援が行われる．この地震における対応部局は，連邦レベルでは FEMA，州レベルではカリフォルニア州緊急対策局，地方政府ではロサンゼルス市緊急対策センターであった．

　表－2.3.2 に地震発生から FEMA・加州緊急対策局－災害現地事務所開設に至るまでの経過をまとめている．ノースリッジ地震発生後，まずロサンゼルス市が緊急対策センターを設置し，

表−2.3.2　FEMA・加州緊急対策局の災害支援センター設置までの動き[4]

```
1994.01.17  4:31AM  ノースリッジ地震発生
            5:45AM  ロサンゼルス市－緊急対策センター設置
                    ロサンゼルス市長－非常事態宣言
            AM      カリフォルニア州（以下，加州と略称）知事－州兵動員指示
                    大統領に対する大統領宣言発令要請
                    非常事態宣言
            PM      大統領宣言
                    FEMA・加州緊急対策局－災害現地事務所開設（パサデナ）
1994.01.20          FEMA・加州緊急対策局－災害申請センター開設
1994.02.19          FEMA・加州緊急対策局－災害支援センターに移行・統合
```

市長が非常事態宣言を出した．続いて州知事は大統領に大統領宣言の発令を要請し，当日午後には大統領宣言が出されている．これを受けて被災地域内に設置された連邦・州・地方調整事務所（災害現地事務所）には，連邦・州・地方政府それぞれの代表が派遣され，民間団体の活動も含めて，援助策の総合調整が行われた[4]．

2.3.4　FEMA のその後

1993 年以降のクリントン政権の下で，FEMA を中心に防災システムは格段に向上した．その成果は，先に述べたノースリッジ地震をはじめ，数々のハリケーン災害への対応に現れている．しかし，2001 年の世界貿易センタービルの崩壊（9.11 同時多発テロ）により，米国の危機管理体制は変化を見せ始める．2003 年 1 月には，国土安全保障省が新設され，FEMA はこの下部組織となり，それまでの FEMA の防災体制は大幅に縮小された．

2005 年のハリケーン「カトリーナ」は，ルイジアナ州ニューオーリンズを中心に激甚な被害をもたらした．ハリケーン自体が想定を超える規模であったことに加え，避難・救援物資の供給・被災地の安全確保など多くの面で対応活動がうまくいかず，結果として災害は未曾有のものとなった．ハリケーン災害の後，国土安全保障省および FEMA の活動に関して，職員の訓練不足・予算配分の偏り・対応能力の不足などの問題点が指摘された．

ハリケーン「カトリーナ」で各方面からの批判を受け，翌 2006 年にはポスト・カトリーナ緊急事態管理改革法が成立している．この法律により，国土安全保障省内の FEMA の組織機構上の位置づけがより明確化・強化されたといえ，その任務も主要任務と長官の任務とされる固有の活動とに整理されている．具体的な変革については文献 5）などを参照されたい．

2.4　日本の危機管理体制の強化

2.4.1　レオ・ボスナーの日本滞在，FEMA 元長官の来日講演

ノースリッジ地震の際には多くの行政関係者，研究者が米国に渡り，様々な知見を得て帰国した．また，これを契機に日米相互の意見交換も活発化した．そのような中で，米国から来日し，数々の有益な提言を残したのがレオ・ボスナー氏である．ボスナー氏は，1979 年の FEMA

発足時から危機管理の専門家として勤務し，2000年に日本の危機管理について調査するため来日した．約1年間の日本滞在を経て，日本の危機管理体制の現状と課題をまとめ，レポートを提出している[3]．そのレポートによれば，阪神・淡路大震災以降，日本で危機管理への関心が高まっていることを評価する一方で，以下のような課題があると指摘している．

- 日本政府には米国の連邦対応計画に匹敵するような包括的な国の災害対応計画がない．「災害基本計画」は存在するが，連邦対応計画に比べると一般論の記述であり，政府の諸機関の災害対応計画について詳しく書かれていない．
- 国，都道府県，市町村の職員は往々にして災害応急計画に不慣れで，他の機関や団体が有する資源についても知らないことが多い．
- 日本においては，災害即応のための組織が米国ほど権限を与えられていない．
- 災害訓練は数多く行われているが，こうした訓練は通常，下準備が行われ，台本にある技術の披露であることが多く，計画などの意思決定の練習の場にはなっていない．
- 現在，防災管理担当の局機能は内閣府にあるが，大災害時に調整機能を果たすには，明らかに小さすぎると思われる．
- 職員数の少ないことが，職員に大きなストレスを生じさせている．
- 日本の政府機関はそれぞれが自らの災害対応予算を管理し，一元的管理ではない独立した運用となっている．
- 日本政府においては，危機管理は3つの政府機関（内閣府防災担当政策統括官，内閣官房危機管理室，総務省消防庁）に分かれて計画されている．このことにより，危機管理任務の重複と見逃しを生じる恐れがある．
- 日本政府の各省庁は常勤専任の応急対応計画官というものを確保していない．その代わり，何人かの職員が，2年間応急対応の担当者として任命され，その後は危機管理部門から他の部署に異動していく．

さらに，2002年にはFEMA元長官ジェームズ・リー・ウイット氏が来日している．氏は基調講演の中で，計画策定，訓練などにより災害に備える「事前準備（Preparedness）」，災害に適時・適切に対応する「救援活動（Response）」，被災者の生活支援などの「復旧活動（Recovery）」，建築基準の見直し・防火対策などの手法を駆使した「被害軽減（Mitigation）」の4つのフェーズを循環させ，結びつけることの重要性を強調した[6]．

図-2.4.1に危機管理のサイクルを示す．

図-2.4.1 危機管理のサイクル[7]

2.4.2 内閣の危機管理体制の強化

　阪神・淡路大震災やノースリッジ地震の教訓から，国レベルでは特に初動体制を中心に危機管理体制の充実が図られた．阪神・淡路大震災で国の初動体制が遅れたことが被害拡大を招いたとの認識から，内閣の危機管理機能の強化に関する議論がなされ，1998 年に内閣法の改正に伴い新たに「内閣危機管理監」が設置され，内閣官房において危機管理を担当することとされた．現在，内閣官房では大規模な自然災害，テロ，原子力災害等に備えて，図－2.4.2 に示すような初動体制が敷かれている[7]．内閣情報集約センターは，マスコミや関係各省庁から入る情報を 24 時間体制で収集し，官邸危機管理センターに報告する．官邸危機管理センターが召集する緊急参集チームは，内閣としての初動措置を指導するための情報集約を行う局長クラスの集まりである[2]．

　2001 年に大規模な省庁再編が行われたが，これに伴い，旧国土庁が担っていた防災行政が内閣府へと移管され，防災担当大臣のポストも新設された．2004 年には情報通信設備を整備した新官邸が完成し，三宅島や有珠山の噴火，新潟県中越地震における初動体制で一定の成果を挙げながら今日に至っている．

2.4.3　2004 年新潟県中越地震での国の初動体制

　2004 年 10 月 23 日 17 時 56 分，新潟県中越地震が発生した．図－2.4.2 に示した緊急参集チームの召集，官邸対策室の設置は地震発生後から 4 分後の 18 時 00 分であった．18 時 25 分には，消防庁から仙台市および埼玉県に緊急援助隊の出動要請がなされた．内閣府および内閣官房を中心とする政府機関の危機管理体制が整備されたことで，新潟県中越地震での初動はきわ

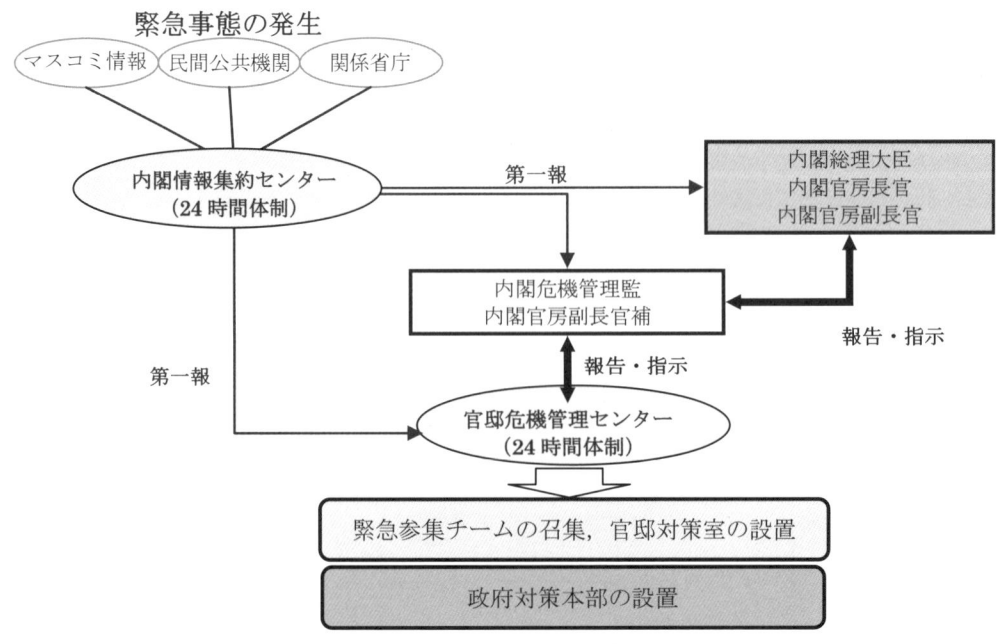

図－2.4.2　内閣官房の初動体制のフロー[7]

めて迅速であったと評価されている．

2.5　今後の危機管理体制のあり方
2.5.1　危機管理庁構想
　阪神・淡路大震災を契機に，内閣府・内閣官房を中心に危機管理体制の拡充が図られたことは，日本の防災行政の一つの転換点として大いに評価できる．しかし，ボスナー氏の指摘するように，未だ内閣府・内閣官房・総務省消防庁の3つに危機管理に関する業務が分散していることは，一部で任務の重複を生んでいる可能性があることは否定できない．
　このような背景から，自然災害やテロに一元的に対処する組織を中央省庁に創設する「危機管理庁」構想がもちあがったことがある．日本版 FEMA の新設に関しては，日米の政治的・行政的な違いを考慮する必要があり，FEMA のシステムをそのまま取り入れることは困難と思われるが，今後の日本の危機管理の方向性について示唆を与えるものである．

2.5.2　国と地方自治体の連携強化の必要性
　多数の組織を調整し，災害時の円滑な支援を実施するためには，国レベルの危機管理体制の充実が欠かせないことは既に述べた．他方で，災害時に第一義的な責任を負う地方自治体の役割も重要である．特に，災害の規模が自治体で対応できるレベルを超える場合には，より上位の機関に応援を要請する必要があり，組織間の相互連関が鍵となる．この点，米国では非常時指揮システム（ICS：Incident Command System）が導入されており，災害対応の関係者間で予め責任の所在および役割の明確化がなされている．これにより，連邦・州・地方政府の関係者間の混乱を招くことなく任務が遂行されている．日本での国と地方自治体の関係は，米国のそれとは大きく異なるが，災害対応を効果的なものとするためには，国と地方のパートナーシップが不可欠である．

2.5.3　人材育成に関する動き
　2002年9月に「防災に関する人材の育成・活用専門委員会」が内閣府に発足し，翌2003年5月には専門委員会の報告がなされており，具体的施策として，以下の項目が実施に移されている[8]．
　まず，防災担当職員の人材育成・活用に関しては，①標準的な研修プログラムの策定とそれに基づいたカリキュラムの編成等，②研修の実施等による人材育成策の充実，さらに③地方公共団体の首長等幹部職員の研修を充実させる．また，④実践的訓練の普及・推進をはかり，防災力向上を目指した人事方策も考える．
　次に，地域の防災リーダーやボランティア組織等のリーダーの人材育成に関しては，①人材育成プログラム・教材の整備等による体系的な研修の実施，②行政・関係組織・ボランティア組織・NPO・企業等が連携して地域の防災について検討を行う場の提供などを行う．
　さらに，学校教育に関しては，①総合的な学習の時間等における防災に関する取組みへの支

援，②地域の特性を反映した教材等の作成，③地域住民や地域の各主体と学校が連携した防災教育の推進などを掲げている．

2.5.4 実働部隊の広域連携

災害発生後，実際に現場で活動を展開するのは消防・警察・自衛隊等である．もともと消防では，消防組織法上の応援協定に基づいて，近隣の市町村消防から支援がなされるシステムが整っている．しかし，大規模災害時にはこれらの部隊だけでは資機材，人材が不足することが予想されるため，阪神・淡路大震災後に「緊急消防援助隊」が創設された[9]．緊急消防援助隊は予め都道府県単位で部隊が編成されており，消防庁が応援を要請する部隊を決定し，出動を要請するというしくみになっている．

警察でも同様に，被災都道府県警の能力を超える大規模災害が発生した場合には，他都道府県警に支援を求めることができる．阪神・淡路大震災後には，災害情報の収集・救出・避難誘導・緊急交通路の確保などにあたる特殊部隊である「広域緊急援助隊」が全ての都道府県警に設置されている．新潟県中越地震での派遣が，初めての派遣となった．

このように阪神・淡路大震災後には実働部隊としての消防や警察の機能強化が図られたが，これらの部隊を所管する組織（消防庁・警察庁・防衛省）が異なることから，相互の連携を図る更なる努力が必要である．

2.6 おわりに

日米の国レベルでの危機管理体制の発展の経緯を見てきた．日本の危機管理体制は阪神・淡路大震災以降，劇的に変化したといえる．その契機となったのは，阪神・淡路大震災で明らかとなった行政機関の対応能力の欠如への反省であった．また，洗練された米国の危機管理体制に学んだことも大きく影響している．

日米の地理的・政治的・行政的な違いを考慮してもなお，米国の危機管理体制に学ぶことは多く，特にFEMAが一元的に危機管理業務を担い，効果的に災害関連組織間の調整を行っていることは特筆に値する．一方，日本では1995年以降，国レベルでの初動体制を中心に危機管理体制が整ってきているとはいえ，今なお災害対応業務が複数の機関に分散している．今後，災害対応要員の人材育成，関係省庁の連携などの課題を解決していく必要がある．

なお，災害対策基本法（昭和36年法律第223号）第9条第2項の規定に基づき，政府が毎年国会に対して「防災に関してとった措置の概況」及び「防災に関する計画」の報告を行うが，それが防災白書[10]として，地震防災のみならず全ての自然災害に対して毎年まとめられている．

参考文献

1) 内閣府防災部門（旧国土庁防災局）HP：第3回日米地震防災政策会議
 http://www.bousai.go.jp/jishin/epcf/epcf3/index.html
2) 佐々木淳行：自然災害の危機管理，ぎょうせい，2001.04.
3) 務台俊介，レオ・ボスナー：高めよ！防災力，ぎょうせい，2004.06.

4) 国土庁防災局：1994 ロサンゼルス近郊地震（ノースリッジ地震）の記録，ぎょうせい，1994.09.
5) 土屋恵司：アメリカ合衆国の連邦緊急事態管理庁 FEMA の機構再編，外国の立法 232， 2007.06
　　　http://www.ndl.go.jp/jp/data/publication/legis/232/023201.pdf
6) 青山やすし他：自治体職員のための危機管理読本，都政新報社，2002.10.
7) 内閣官房 HP：http://www.cas.go.jp/jp/gaiyou/jimu/fukutyoukanho.html
8) 内閣府中央防災会議 HP：防災に関する人材の育成・活用専門調査会
　　　http://www.bousai.go.jp/jinzai/index.htm
9) 総務省消防庁 HP：http://www.fdma.go.jp/neuter/topics/fieldList5_5.html
10) 内閣府防災情報のページ：平成 21 年版防災白書
　　　http://www.bousai.go.jp/hakusho/hakusho.html

3章　首都直下地震に対する対策の現状

3.1　はじめに

　首都直下地震が発生したときの被害想定が 2005 年中央防災会議によって発表された．1 章でも述べたように，首都圏で起こると考えられている地震の中で最悪を想定した場合には，関東圏で死者約 11,000 人，経済被害総額が約 112 兆円に達するというものであった．このような甚大な被害による対策を行うための指針として，同じく中央防災会議は 2005 年に首都直下地震対策大綱および地震防災戦略を策定した．本章は，政策大綱や防災戦略について概観するとともに，国，地方自治体，各企業，一般市民が対策に向けてどのような活動をしているか，もしくは行うべきかを考察したものである．

3.2　首都直下地震対策大綱および地震防災戦略

　被害想定の結果を受けて，防災対策の基本方針を示す首都直下地震対策大綱[1]が策定された．この大綱は 3 章からなっている．第 1 章では首都中枢機能の継続性確保をポイントとしている．地震時に国の政治中枢である国会，行政中枢である中央省庁，経済中枢である各種銀行等の機能を維持確保するとしている．第 2 章では，被害への対応をポイントとしており，その柱は計画的かつ早急な予防対策の推進，建築物の耐震化，火災対策，ライフライン・インフラの確保対策，膨大な数の避難者・帰宅困難者への対応，地域防災力・企業防災力の向上，広域防災体制の確立，復旧・復興対策などである．第 3 章では，対策の効果的推進をポイントとして，国・地方自治体・企業・市民・ボランティア・消防・警察・医療機関などを含む多くの組織・機能が一体となって幅広い連携を組み，予防と応急の両面での地震防災対策を早急に推進する必要があること，そのための，自助・共助・公助を三位一体化して社会全体で減災に総力を挙げるという国民運動の展開を提唱している．

　地震防災戦略[1]は，減災目標や具体的目標等から構成される．首都直下地震に対する減災目標は，今後 10 年間で想定死者数を半減させること，および想定経済被害額を 4 割減少させることとした．東京湾北部地震（1.2.2 参照）に関しては，死者を 11,000 人から 5,600 人に減少させることなどを掲げ，主な目標は以下の 3 点としている．

(1) 住宅・建築物の耐震化（建物倒壊による死者数減：約 1,400 人）
　　住宅・建築物の耐震化率 90％を目指す（2003 年の推計値は 75％）．
(2) 火災対策（火災による死者数減：約 4,000 人）
　　密集市街地の整備により不燃領域率 40％以上の確保と初期消火率の向上を目指す．
(3) 居住空間内外における安全確保（死者数減：約 100 人）
　　急傾斜地崩壊による死者数減約 100 人を目指す．

また，同地震の想定経済被害額を約112兆円から約70兆円とする約42兆円の被害軽減を掲げた．主な達成手段は以下の3点である．
（1）復旧費用の軽減（約26兆円減）
　　上述の住宅・建築物の耐震化率の向上，交通施設の耐震補強，および耐震強化岸壁の整備率向上による．
（2）生産活動停止による被害額の軽減（約4兆円減）
　　事業継続計画を策定している企業の割合を大企業でほぼ全て，中堅企業で過半数とすることを目指す．
（3）全国・海外への経済波及の軽減（約11兆円減）
　これらの具体目標を達成するために，国・内閣府は地域住宅交付金制度の活用，税制創設，補助制度の拡充などを行っている．

3.3 具体的な対策

3.3.1 概要

　国・内閣府の大綱・戦略を受けて，具体的に地方自治体がどのような対策を取っているのか，もしくは私たちにとってどのような対策が適切なのか，首都直下地震の被害想定から特に被害を軽減しなければならない2つの項目に着目し，その現状をまとめた．

3.3.2 耐震改修について

　国土交通省では住宅等に係る耐震改修促進税制[2]（所得税・法人税・固定資産税）を創設し，住宅や事業用建築物の耐震改修の促進をはかっている（内容は文献2)を参照）．
　財団法人日本建築防災協会では，木造住宅の耐震診断・耐震改修を推進するため，一般住宅の所有者・居住者が簡単に扱える診断法として「誰でもできるわが家の耐震診断」[3]を作成している．その一部を図－3.3.1に示す．住宅の所有者等が自ら診断することにより，耐震に関する意識の向上・耐震知識の習得ができるように配慮されており，技術者による専門的な診断へ繋げられるようになっている．別途マンション（共同住宅）に対する耐震診断も用意している．
　東京都では，東京都都市整備局が進める東京都木造住宅密集地域整備事業[4]があり，17区・50地区の約2,000haを対象に2017年までに整備するとしている．事業を行う区市町村に対して，都が支援す

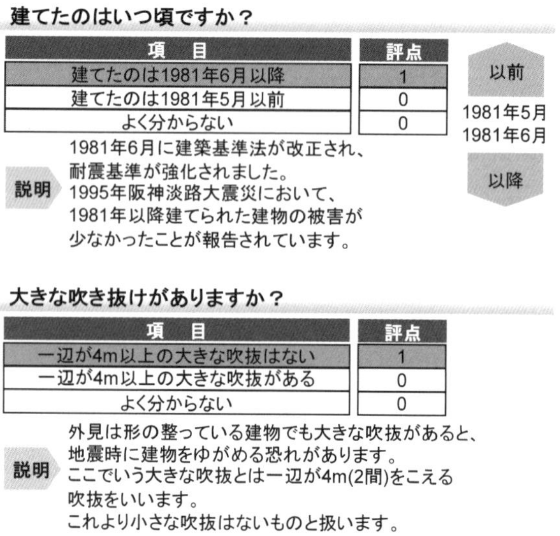

図－3.3.1　耐震診断の一例[3]

る制度である．ここでいう整備とは，老朽化した木造住宅を建て替えて家自体を燃えにくくしたり，類焼を防ぐための道路，公園などを整備することである．区ごとに老朽建築物の建て替え助成金のシステムが整備されつつある．

　国や地方自治体の対策というのは，あくまで支援であって，住宅・建築物の耐震化は，基本的に建物所有者自らの問題である．個々人が，自らの生命・財産を守る観点から，積極的に取り組むことが期待されている．

3.3.3 避難者・帰宅困難者への対策

　内閣府中央防災会議「首都直下地震避難対策等専門調査会」[3]は，首都直下地震発災時における避難者・帰宅困難者等に係る対策の具体化に向けた検討を進め，2008年10月に報告書を公表した．以下，報告書に盛り込まれた対策の概要を，避難者に対する対策，帰宅困難者に対する対策，共通課題に対する対策の順に示す．

(1) 避難者に対する対策

A．避難所不足への対応

　首都直下地震では，発災1日後におよそ460万人の避難所生活者が発生すると見込まれているが，各区の住民が居住する区内で避難するものとすると，各区の収容力の不足は23区合計で約60万人，また，都区部内で広域的な避難をするとしても，約49万人分の不足（避難所の耐震化率を考慮した場合）が発生することが見込まれるなど，大幅に不足する可能性がある．
このため，1) 避難者数の低減，2) 避難所収容力の増強，3) 広域的な避難の実施等を図るための各種対策が必要である．具体には以下の5項目を行うための施策が必要としている．

① 応急危険度判定等の迅速な実施による自宅への早期復帰
② 帰省・疎開の奨励・あっせん
③ 公的施設・民間施設の活用
④ 地方公共団体間の連携等による広域的な避難体制の整備
⑤ 避難者に対する情報提供体制の構築

B．応急住宅不足への対応

　首都直下地震では，約162万戸の応急住宅需要に対し，1都3県における発災6ヵ月後の供給可能量は，応急仮設住宅12万戸，自宅の応急修理31万戸，公営住宅0.2万戸と見込まれるとともに，応急仮設住宅の建設可能用地は約20万戸分が限界であることから，これらだけでは応急住宅需要を満たすことはできない．被災を免れた民間賃貸住宅の空き家，空き室の活用を考えると1都3県で約92万戸が利用できる可能性がある．さらに，周辺県も含めて民間賃貸住宅等を最大限活用することができれば，需要を満たすことが可能となろう．

　このため，1) 応急修理や本格修理による自宅への早期復帰の促進，2) 民間賃貸住宅の一時提供制度の活用，3) 市場に出ていない物件の有効活用，4) 応急仮設住宅の早期提供等を図るための各種対策が必要としている．

　自助のためのツールとして，被災時や避難時の行動フローチャートを作成しておくことは効果的であろう．いざ地震が発生したときに落ち着いた行動が取れるかどうかは，日頃から，災

害に対するイマジネーションを高めているかに左右される．

避難場所や一時集合場所は，各地域で定められている避難マップを参照にするのがよい．通常，避難場所は火災の及ばない大きな公園や学校の運動場などが指定されているが，これは一時避難場所であって，避難所は小学校・中学校・公民館などとなる．避難マップにある地域内残留地区とは市街地大火が発生しないとされる地区で，火災が発生しても地区内の近い距離（1区画程度）の退避を行えば安全が確保でき，広域的な避難をする必要がない．日本の中枢機能が集中する千代田区は，ほぼ全域が地域内残留地区となっている．

(2) 帰宅困難者等に対する対策

A．一斉帰宅の抑制

首都直下地震では，およそ650万人の帰宅困難者の発生が見込まれている．帰宅困難者等が一斉に徒歩帰宅を開始した場合，混雑による集団転倒や火災，沿道建物からの落下物等により死傷する危険があるとともに，救助・救急活動や緊急輸送活動などの応急対策活動が妨げられるおそれもある．

家族の無事等が確認され，直ちに帰宅する必要のない人に，帰宅せずに一時留まってもらうことが一斉帰宅の抑制につながるため，1）速やかな安否確認，2）「むやみに移動を開始しない」ことの呼びかけ，3）翌日帰宅，時差帰宅の促進等を図る，ための各種対策が必要とされている．

B．円滑な徒歩帰宅のための支援，滞留者への対応

円滑な徒歩帰宅のための支援，滞留者への対応として，1）帰宅困難者等への情報提供，2）帰宅支援対象道路の指定拡大と関係地方公共団体間の連携体制の構築，3）帰宅困難者等支援広場や一時滞在場所の確保等，4）駅周辺における混乱防止が必要とされている．

実際に徒歩帰宅することになったときの対策として，八都県市防災・危機管理対策委員会[6]では一部コンビニエンスストアやガソリンスタンド等と徒歩帰宅者支援の協定を結んでいる．協定を結んでいる店舗には図-3.3.2に示すステッカーが張っており，災害時にトイレや飲料水を利用でき，様々な情報を手に入れることができる．このような店舗の位置を普段からチェックしておくことも必要である．

しかしながら，安否情報が確認されたら，あえて危険をおかして帰宅するのではなく，防災業務者のように都心に留まって被災状況の改善に貢献するほうが建設的である．そうすると，保護や支援対象の650万人の人々が，逆に被害を減らす役割を持ち貢献してくれることになり，被災地内での災害対応性のある人材となりうる．

(3) 共通する課題への対策

共通する課題への対策としては，1）避難所等における帰宅困難者等への対応の明確化，2）事業継続計画等

図-3.3.2　災害時帰宅支援ステーション[6]

における避難者，帰宅困難者等への対応の明確化，3) 情報の規格化，4) トイレ不足への対応が必要であるとしている．

3.4 おわりに

首都直下地震の被害想定と対策に対しての現状を調査した．以下に内容を要約して示す．

① 内閣府・中央防災会議では，首都直下地震が発生した場合，最大で約 11,000 人の死者，約 850,000 棟の建物倒壊，経済被害総額 112 兆円が発生すると想定した．その結果を踏まえて，中央防災会議は首都直下地震対策大綱および地震防災戦略を発表した．地震防災戦略では今後 10 年間で，想定される被害を 50%にするため，具体的な施策に取り組むと発表した．

② 住宅の耐震補強については，行政・地方自治体ともに支援制度があることが確認できた．しかしながら，それでも補強が進まない原因として，あくまで住宅は所有者自身の問題であり，経済的な問題から補強が難しい人の多いことが挙げられる．その問題を解決するための新たな支援制度が考えられている．

③ 首都直下地震は膨大な帰宅困難者や避難者を発生させると考えられている．帰宅困難者対策として，首都直下地震避難対策等専門調査会が帰宅困難者の行動シミュレーションを行い，一斉帰宅の抑制が最も効果のあることが分かった．行政としては，その前提となる家族の安否情報の確認ツールの確保を保証できるかどうかが問われることになろう．また，避難者となったときには，各地域で定められている避難マップを参考に，落ち着いた行動を取ることができるように，日頃から準備すべきであろう．

参考文献

1) 中央防災会議 HP：「首都直下地震対策専門調査会」報告，首都直下地震対策大綱および地震防災戦略，http://www.bousai.go.jp/jishin/chubou/taisaku_syuto/syuto_top.html
2) 中央防災会議 HP：住宅等に関わる耐震改修促進税制
   http://www.bousai.go.jp/zeisei/pdf/jyutaku-zeisei.pdf
3) (財) 日本建築防災協会 HP：誰でもできる我が家の耐震診断
   http://www.kenchiku-bosai.or.jp/seismic/wagaya.html
4) 東京都都市整備局 HP：東京都木造住宅密集地域整備事業
   http://www.toshiseibi.metro.tokyo.jp/bosai/mokuzou.htm
5) 中央防災会議 HP：「首都直下地震避難対策等専門調査会」報告
   http://www.bousai.go.jp/jishin/chubou/shutohinan/a_index/index3.html
6) 防災首都圏ネット HP：八都県市首脳会議 防災・危機管理対策委員会，帰宅支援ステーション
   http://www.8tokenshi-bousai.jp/comehome/station.html

4章 地震に強い地域（県・市規模）づくり

4.1 はじめに

　阪神・淡路大震災において日本は未曾有の都市型震災を経験したが，その後，既に見たように首都直下地震をはじめ，東海地震，東南海・南海地震などの被害想定が続々と発表されている．これに対応して，各自治体はその行政区域に対する地震防災計画を策定して，対応に万全を期したい状況である．本章では，県・市規模の地震対策がどのように行われているかを，東海地震の震源域に最も近い静岡県と，阪神・淡路大震災を経験した神戸市を例に見ていく．

4.2 大規模地震対策に関する法律等

4.2.1 阪神・淡路大震災以前

　まず，1978年6月に大規模地震対策特別措置法（大震法）[1]が「大規模な地震による災害から国民の生命，身体及び財産を保護するため，地震防災対策強化地域の指定，地震観測体制の整備その他地震防災体制の整備に関する事項，及び地震防災応急対策その他地震防災に関する事項について特別の措置を定めることにより，地震防災対策の強化を図り，もって社会の秩序の維持と公共の福祉の確保に資することを目的」（同法第1条）として制定されている（最終改正1999年12月）．本法律を受けて例えば，1979年8月には東海地震に係る地震防災対策強化地域として静岡県・山梨県を中心とする神奈川県・長野県・愛知県・岐阜県の6県167市町村が指定された．

　また，同法を基に1979年には東海地震対策として，地震防災基本計画が中央防災会議によって作成された．同計画では警戒宣言が発せられた場合の国の地震防災に関する基本的方針，地震防災強化計画及び地震防災応急計画の基本となる事項，及び総合的な防災訓練に関する事項が定められた．地方防災会議等は，同計画を基本として，警戒宣言が発せられた場合に実施すべき対策等を地域防災計画に盛り込んだ．

　翌1980年には，地震防災対策強化地域における地震防災対策の推進を図るため，地方公共団体その他の者が実施する地震対策緊急整備事業に係る経費に対する国の負担又は補助の割合の特例その他国の財政上の特別措置について定める法律として，地震防災対策強化地域における地震対策緊急整備事業に係る国の財政上の特別措置に関する法律（地震財特法）[2]を制定した（最終改正2000年6月）．関連法律の流れは，表-4.2.1参照．

4.2.2 阪神・淡路大震災以後

　1995年1月兵庫県南部地震が発生し，未曾有の地震災害となったことから，国は，1995年6月に地震防災対策特別措置法[3]を「地震による災害から国民の生命，身体及び財産を保護するため，地震防災緊急事業五箇年計画の作成及びこれに基づく事業に係る国の財政上の特別措

表-4.2.1 震災対策関連法律の推移

1961 年　災害対策基本法
1978 年　大規模地震対策特別措置法（大震法）
→　1979 年　地震防災基本計画（東海地震対策，強化地域指定）
1980 年　地震防災対策強化地域における地震対策緊急整備事業に係る国の財政上の特別措置に関する法律（地震財特法）
1995 年　地震防災対策特別措置法　→　地震防災緊急事業五箇年計画
2002 年　東南海・南海地震対策特別措置法
2003 年　東海地震対策大綱，東南海・南海地震対策大綱（中央防災会議）
→　同年　地震防災基本計画の修正

表-4.2.2 地震防災緊急事業五箇年計画で定める整備対象施設

・避難地，避難路，消防用施設，消防活動が困難である区域の解消に資する道路
・緊急輸送を確保するため必要な道路・交通管制施設・ヘリポート・港湾施設など
・共同溝・電線共同溝等の電線・水管等の公益物件を収容するための施設
・医療法に規定する公的医療機関・社会福祉施設・公立の小学校若しくは中学校などのうち地震防災上改築又は補強を要するもの
・海岸保全施設・河川管理施設，砂防設備・森林保安施設，地すべり防止施設・急傾斜地崩壊防止施設
・地域防災拠点施設，防災行政無線設備その他の施設又は設備　　など

置について定めるとともに，地震に関する調査研究の推進のための体制の整備等について定めることにより，地震防災対策の強化を図り，もって社会の秩序の維持と公共の福祉の確保に資することを目的」（同法第1条）として制定した．

　この法律により都道府県知事は，人口及び産業の集積等の社会的条件，地勢等の自然的条件等を総合的に勘案して，地震により著しい被害が生ずるおそれがあると認められる地区について，災害対策基本法[4]（1961年制定11月制定，最終改正2000年5月）第40条に規定する都道府県地域防災計画に定められた事項のうち，地震防災上緊急に整備すべき施設等に関するものについて，1996度以降の年度を初年度とする五箇年間の計画（以下「地震防災緊急事業五箇年計画」という）を作成することができることとなった（表-4.2.1）．地震防災緊急事業五箇年計画では，表-4.2.2に示す施設等の整備等について定めている．本計画による実施事業の説明は後述する．

　また，中央防災会議によって2003年5月に東海地震対策大綱[5]が決定され，同年7月には地震防災基本計画が修正[6]された．大震法に基づく地震防災基本計画は，警戒宣言時の地震防災応急対策等について定めたものであるが，本大綱は，同計画に規定される内容も含め，予防対策，災害発生時の応急対策，復旧・復興対策まで含んだ総合的な対策を視野に入れている．また，地震防災基本計画が強化地域内を対象とした計画であるのに対し，本大綱は強化

地域外における対策についても定めている．これより前，2002年4月には強化地域が8都県（前述の6県に東京都と三重県が追加）の263市町村（市町村合併により2008年4月1日現在170市町村）に拡大されている．地震防災基本計画の主な修正点は次のとおりである[6]．

(1) 東海地震に関する情報提供の発表基準等の変更

観測された異常データの度合いに応じ，「東海地震予知情報」，「東海地震注意情報」及び「東海地震観測情報」の3段階の区分を設置した．

- **東海地震予知情報**：警戒宣言，地震防災警戒本部の設置，地震防災応急対策の実施
- **東海地震注意情報**：政府は，準備行動開始の意思決定を行い，準備体制をとる．救助部隊・救急部隊・消火部隊・医療関係者等の派遣，地域住民等に対する適切な広報の実施
- **東海地震観測情報**：情報収集連絡体制

(2) 警戒宣言前から異常データを観測した時の防災対応を明確化

異常データが観測され，気象庁が東海地震注意情報を出した場合に，政府は準備行動開始の意思決定を行い，準備体制をとる．

(3) 警戒宣言後における分野別対応

震度や津波の分布に応じ，鉄道の運行の可否を検討し対応を明示．帰宅困難者対策の明確化．耐震性を有する病院，小売店舗は営業継続も可能．

4.3 静岡県の地域防災計画等

4.3.1 地域防災計画の見直し

地震防災基本計画の修正を踏まえ，2004年2月の静岡県防災会議で，東海地震注意情報発表時の応急対策及び警戒宣言発令時の地震防災応急対策について，静岡県地域防災計画を修正した．修正に当たっての基本的な考え方は，次のようである[7]．

(1) 東海地震注意情報発表時に，県，市町村，防災関係機関，自主防災組織，民間事業所等が実施する応急対策を明示した．
  - 地震防災応急対策の円滑な実施のための準備的措置を実施
  - 時間を要する地震防災応急対策を段階的・部分的に実施
  - 実施に当たっては，住民等の日常の社会生活・経済活動の維持・継続に配慮

(2) 警戒宣言発令時に，地震防災応急計画を作成すべき民間事業所が実施する対策を明示した．
  - 原則として，通常の施設利用や営業等を中止し，安全確保等の措置を実施
  - 建物の耐震性等の安全性が確保されている施設では，営業等を継続可能

2009年8月11日5時7分に駿河湾を震源とするM6.5の地震が発生した．最大震度6弱を記録したのは静岡県の伊豆市，焼津市，牧之原市，御前崎市の4市で，震度5強は静岡県内の8市町であった．この地震による被害は，死者1名，負傷者123名，住家の一部損壊5,192棟であった．

この地震により気象庁は初めての「観測情報」を発表した（同日午前7時15分）．また，同日8時より臨時の地震防災対策強化地域判定会の委員打合せ会を開催して検討した結果，本地震は想定される東海地震に結びつくものではないと判断している．

4.3.2 地震対策アクションプログラム2006

静岡県では，東海地震の第3次地震被害想定（2001年5月）を踏まえ，2001年9月に，減災の考え方に基づき，287のアクションからなる 静岡県地震対策アクションプログラム2001（AP2001）を策定し取り組んできた結果，2005年度までの5年間で，185のアクション（約64%）を完了した．

同県では大規模地震から得た教訓を踏まえ，AP2001の総点検を実施して静岡県地震対策アクションプログラム2006[8]（AP2006）を策定した．AP2006には，9つの施策分野，28の施策項目，及び対策の内容・数値目標・達成時期等を明示した115のアクション（2007年，127のアクションに修正）を盛り込んだ．また，AP2006はAP2001の成果を引き継ぎ，2015年度末までに予知なし・冬5時の場合の想定死者数5,851人を2,954人に減少させることを目標としている．

ちなみに，9つの施策分野は，県民の生命を守るために，①建物等の耐震化及び施設整備を進める，②救出・救助体制を強化する，③医療救護体制を強化する，④地域の防災体制を強化する，⑤災害情報伝達の支援体制を確保する，また，被災後の県民生活を守るために，⑥避難生活の支援体制を充実させる，⑦緊急物資等を確保する，⑧がれき・残骸物などの処理体制を確保する，さらに県民生活の確かな復旧復興を勧めるために，⑨被災者・被災事業者の迅速な再建を目指し，着実な復旧復興を進めることである[8]．

4.3.3 地震財特法に基づく地震対策緊急整備事業計画

東海地震により，甚大な被害をもたらす要因の除去・軽減といった地震対策事業を推進するため，1980年に地震財特法が制定されたが，同県においてはこの法律に基づき，地震防災上緊急に整備すべき施設等に関する事業計画を策定し，対象事業の推進を図ってきた．2005年3月末に地震財特法の延長が国会にて承認されたのを受けて，現在，2009年度までの30ヵ年計画に基づき事業を実施している．地震財特法の対象事業は表－4.2.2とほぼ同じである[9]．

同県の地震対策緊急整備事業計画の実施状況（事業費の進捗率）を，2007年度末の累計実績で見ると，通信施設・公的医療機関が100.0%，避難地・避難路・津波対策・緊急輸送路・山崩れ防止対策が97.5%～92.4%と高率であるが，消防用施設・社会福祉施設・公立小中学校が86.2%～82.3%と低い．進捗率の低い事業の早期実施が期待されている．また，30箇年の事業費予定8,867.4億円に対し，累計実績は8,015.1億円で，全体としての事業費進捗率は90.4%となっている．

写真－4.3.1　静岡市三保の松原（安政東海地震などにより津波襲来）

4.4　神戸市の地域防災計画等

神戸市の地域防災計画[10]は，(1)地域防災計画・水防計画，(2)防災対応マニュアル，(3)

防災事業計画（安全都市づくり推進計画），(4)防災データベースの4編から構成されている．
(1)の地域防災計画は地震対策編[11]と風水害等対策編の2つからなる．(3)の防災事業計画は，安全都市づくりに関係する5箇年の事業計画を示した「安全都市づくり推進計画」[12]を神戸市地域防災計画の防災事業計画に位置づけている．
ここでは，地域防災計画の地震対策編と安全都市づくり推進計画について，その概要を見る．

4.4.1 地域防災計画地震対策編

地域防災計画地震対策編[11]は，阪神・淡路大震災級の地震災害が発生した時の災害対応を基本とし，さらに，地震発生時刻や季節等，阪神・淡路大震災とは異なった条件で検討した「災害想定」結果を踏まえ，地震発生条件が異なった場合に配慮すべき災害対策事項を定めている．同計画は，総則，予防計画，応急対応計画，災害復旧計画，東南海・南海地震防災対策推進計画から構成されている．総則は同計画の目的，前提条件，防災関係機関の処理すべき業務大綱等，神戸市が行う震災対策の基本方針を定めている．

予防計画は，「安全・安心なまちづくりの推進」という視点で都市における災害の発生をできるだけ未然に防止し，また，災害が発生した場合にもその被害を可能な限り軽減するための計画である．現在の予防計画は，ライフライン機関の施設の強化に関する計画のみであり，別途定める防災事業計画(安全都市づくり推進計画)を，予防計画の実施計画としている．

応急対応計画は，災害が発生し，また発生する恐れがある場合に，災害の発生を防御し，または応急的対応を行う等，災害の拡大を防止するため応急的に実施する対策の基本的な計画を定めている．災害復旧計画は，災害復旧の実施にあたっての基本方針を定めている．

東南海・南海地震防災対策推進計画は，同地震から市域及び市民を守るために，整備すべき施設・津波対策など必要な事項が定められている．

以下，総則の内容を参考にして，阪神・淡路大震災の被害の特徴，計画作成に当たっての課題，災害の想定に関して記す((1)～(3))．次いで，応急対応計画と災害復旧計画について簡単に触れる((4), (5))．安全都市づくり推進計画は，項を改めて述べる．

(1) 阪神・淡路大震災の被害の特徴

地域防災計画地震対策編[11]の総則には，同計画の前提条件の一つである兵庫県南部地震の特徴と神戸市内における被害の概要とがまとめられている．以下，要約して述べる．

兵庫県南部地震（1995年1月17日発生）は，神戸市を含む阪神地域で発生した大都市直下型地震（M7.3）であったが，深さ16km という比較的浅い部分で発生し，長さ約50km × 深さ約15kmの鉛直な長方形に近い破壊面から大きなエネルギーが一挙に開放され，地震の継続時間が短い反面，揺れの振幅が18cmと観測史上最大になるという強い地震であった．被害の特徴は，以下のようである．

写真-4.4.1　阪神・淡路大震災で倒壊した家屋

- 2005年12月22日現在で，市内の死者4,571人，行方不明者2人，負傷者14,678人．
- 家屋の全・半壊122,566棟，全・半焼7,045棟（最多避難者数：236,899人（599避難所））．
- 電気，上・下水道，ガス，電話などの被害が広範囲になるとともに，道路や鉄道も途絶されるなどライフラインに壊滅的な打撃を与えた．応急復旧完了は，電気1/23，電話1/31，ガス4/11，上水道4/17，下水道処理場5/31の順である（電話・ガスは復旧宣言月日）．
- 古い木造住宅の密集した地域において，広範囲な倒壊，火災が発生し，兵庫区，長田区などでは火災が同時多発した（1月17日〜27日の火災発生件数175件，焼損延べ面積：約82ha）．（写真−4.4.1，5.2.1，5.7.1）
- 各種基準類で設計上想定していた地震をはるかに上回る揺れのため，大規模構造物にも甚大な被害が発生した．
- 市役所（第2庁舎）や病院，消防署等の施設が被害を受けたほか，市場，商店街，工場，事務所等の倒壊・焼失により，経済基盤に大きな影響を与えた．（写真−5.2.3）
- 道路：道路災害960件，橋梁災害74件，道路への倒壊家屋約8,000件．（写真−4.4.2，5.3.1，5.3.2）
- 鉄道：地震発生と同時に途絶（全線復旧：市営地下鉄2月16日，JR・在来線4月1日，新幹線4月8日，私鉄各社6月12日〜6月26日，神戸高速鉄道8月13日，ポートライナー7月31日）．
- 港湾施設の被害：岸壁本体の滑動・傾斜，エプロン舗装の沈下・陥没，ヤード舗装の沈下・陥没，クレーン基礎・本体の破損，防波堤・護岸本体の沈下・傾斜・破損など．（写真−4.4.3）

(2) 計画作成に当たっての課題

さらに，同計画の前提条件として，兵庫県南部地震から得られた教訓・課題がまとめられている[11]．課題について列挙すると以下のようである．

　　災害に強いまちづくり／防災訓練・市民啓発／防災活動のレベルアップ／情報収集・伝達・広報／広域連携・応援要請／救助・救急・医療体制／地震火災対策／市民・企業の自主的防災活動／避難行動／救援・救護対策／被災地安全確保対策／ライフライン対策／交通・輸送対策／生活安定対策／ボランティア活動／二次災害防止

(3) 災害想定

阪神・淡路大震災で全ての災害事象が現われたわけではなく，地震発生の時刻，季節，震源

写真−4.4.2　阪神高速5号湾岸線西宮大橋に隣接する桁の落橋

写真−4.4.3　被災した神戸港メリケン波止場（奥は浜手バイパス）

域，地震の規模等の違いにより，異なる災害事象が発生する可能性があるので，計画では，阪神・淡路大震災では起きなかった様々な災害事象を想定し，計画を策定している．兵庫県南部地震は都市直下地震であり，短周期の波が卓越する地震であったが，今後発生が予想される東南海・南海地震等の海洋性の大地震では，周期の長い長周期型の地震波が神戸市を襲うことが考えられる．こうした長周期の大地震が発生すると，場合によっては今回の短周期型の地震では被害が軽微であった超高層建物や歩道橋等の被害，タンクのスロッシング（タンクの共振現象）や地盤の液状化による地下埋設物の浮き上がり現象，津波による浸水等，長周期型地震特有の被害が発生することが考えられる．これらのことも考慮して計画を策定している．

(4) 応急対応計画

応急対応計画は全17章からなり，(2)で述べた課題にほぼ対応している．以下に第1章から第17章までのタイトルのみ(長いものは一部省略)を記す．

1章 防災活動計画／2章 情報収集・伝達・広報計画／3章 広域連携・応援体制計画／
4章 救助・救急医療体制／5章 地震火災対策／6章 市民・企業の自主防災活動／
7章 避難計画／8章 救援・救護対策／9章 災害時要援護者等への視点配慮／
10章 行方不明者捜索等計画／11章 廃棄物処理計画／12章 被災地安全確保対策／
13章 ライフライン復旧対策／14章 災害時交通規制・緊急輸送対策／
15章 生活安定対策／16章 ボランティア活動支援／17章 二次災害の防止

(5) 災害復旧計画

災害復旧計画は，災害復旧事業について定めたもので，復旧事業の対象や，事業に伴う国の財政援助，激甚災害の指定などについて述べられている．道路・河川等の公共土木施設並びに電気，水道，ガス，交通等の都市施設は，市民生活の根幹をなすものであり，極めて重要な機能を持っているため，災害復旧事業の対象とされている．

4.4.2 安全都市づくり推進計画(防災事業計画)

阪神・淡路大震災後，神戸市復興計画，第四次神戸市基本計画を受けて，神戸市は1997年6月に安全都市づくり推進計画を策定し，災害に強い都市構造の構築や，多様な災害に柔軟に対応できる安全な都市基盤整備を推進してきている．2006年6月制定の第2次安全都市づくり推進計画[12]は，神戸市民の安全の推進に関する条例第4条の「市民の安全を推進するために必要な市全体の計画」であるとともに，神戸市地域防災計画における防災事業計画の役割を担うとされている．

表-4.4.1は第2次安全都市づくり推進計画の構成（章・節）を示したものである．ここでは，地震対策に関連の深い6つの項目（表中のゴシック体）に関して，同計画の概要を紹介する．

(1) 安全で快適な住宅・住環境の形成

震災では建築物が倒壊して多くの人が犠牲となり，特に住居の耐震力の重要性が認識された．国が震災の教訓を踏まえて1995年12月に「建築物の耐震改修の促進に関する法律」を制定したのを受けて，市として耐震性の不足する既存建築物については耐震診断・耐震補強の実施を啓発・促進する．また，震災復興のための土地区画整理事業・市街地再開発事業の推進，密集住

表－4.4.1　神戸市の安全都市づくり推進計画の構成（2006年6月制定）[12]

章	節
1．長期的な視点に立った危機管理・防災戦略	危機管理・災害対策の総合的・計画的な推進
2．地域の防災力・防犯力の強化	安全で快適な住宅・住環境の形成／区を中心とした安全で安心なまちづくり／安全で安心なコミュニティづくり／防犯まちづくりの推進／多様化する危機事業への対応
3．危機管理・災害対応力の強化	危機管理体制の強化／災害時に自立生活が可能な環境づくり
4．災害に強い安全都市基盤の構築	災害に強い多核ネットワーク都市の形成／防災拠点の整備／自然災害等災害予防対策の推進
5．安全で安心なまちづくりに関する意識の普及と人材の育成	災害に関する情報の提供と防災意識の普及啓発／人材の育成／被災による教訓の継承・発信

宅市街地整備促進事業や各種制度による近隣住環境（生活道路を含む）の整備を行う．

(2) 安全で安心なコミュニティづくり

　震災では，自主的な日常のまちづくり活動によって育まれた住民相互のつながりが，住民による初期消火，救出・救護，避難誘導などの応急活動を可能にしたことを教訓に，自主防災推進協議会やふれあいのまちづくり協議会などの地域組織を母体として，既存の組織の更なる連携により「防災福祉コミュニティ」の育成を図る．さらに住民参加による安全マップづくり，安全計画づくりや防災訓練の実施などを通じて，コミュニティの防災力の向上を図るために，活動の支援策を充実する．これは減災のための自助，公助から共助への認識の高まりを背景とした施策であるといえよう．

(3) 災害時に自立生活が可能な環境づくり

　災害時要援護者に対する安否確認や福祉ニーズを早期に実施可能とするため、要介護者の支援体制を構築する。また，ボランティアネットワークとの連携を強化し，ボランティアとのパートナーシップの構築に努める。市民や事業者が3日間程度自活できる食糧・物資・飲料水の備蓄促進を勧めるとともに，防災拠点での現物備蓄も進める。

(4) 災害に強い多核ネットワーク都市の形成

　自然環境と調和し，均衡のとれた都市機能を有する，災害に強い都市空間を形成する．このため，市街地では健全な土地利用を，市街化調整区域ではみどりの聖域・人と自然の交流ゾーンの整備を進める．水とみどりのネットワークづくり，広域的な交通ネットワークづくりを通して，各地域が相互に連携できる，災害に強い多核ネットワーク都市を形成する．

(5) 防災拠点の整備

　以下のような各レベルの防災拠点の整備に努める（図－4.4.1）．
① 市民の自主的な防災活動・避難生活を支える，小学校区を基本とした地域防災拠点

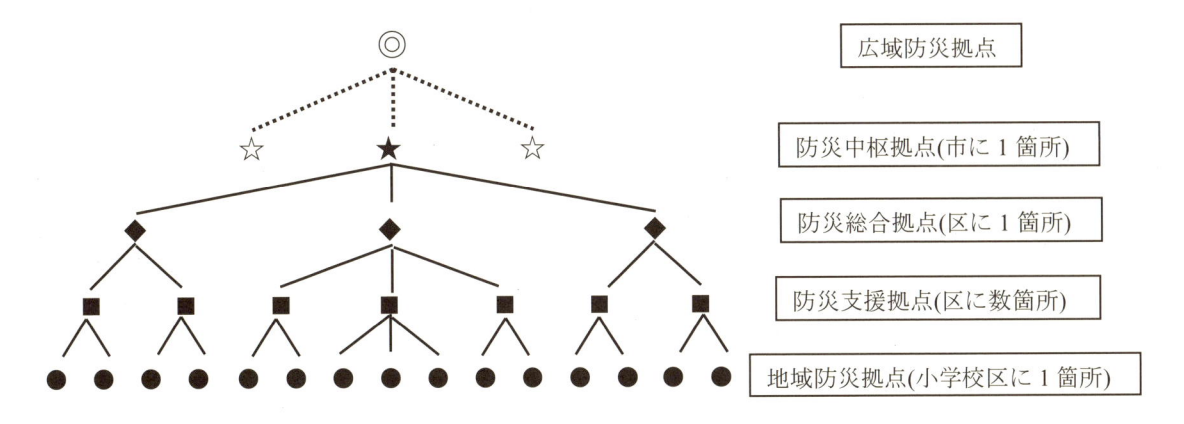

図－4.4.1　防災拠点の階層化

② 被災者等の生活の早期安定を支援する拠点として，各区に数ヵ所配置する防災支援拠点
③ 区役所を中心として区生活圏内の総合的な防災活動を担う拠点としての防災総合拠点
④ 市役所を中心とする災害対策の中枢としての防災中枢拠点
⑤ 広域的な連携に対応できるような陸・海・空の広域防災拠点

　災害時には、これらを的確に運用することで、被害の極小化を図る．
　学校施設の防災拠点機能強化のために，旧耐震基準（1981年度以前建築）の校舎を対象に耐震診断を行い，耐震性能不足の校舎の耐震化を進め，災害に強い学校づくりを図る．2005年度から10ヵ年計で耐震化率100％，前期5ヵ年で80％以上を目指す．地域の防災拠点となる公園の整備も図る．

(6) 災害に関する情報の提供と防災意識の普及啓発

　地震災害・津波災害に関する被害想定結果に応じて，情報収集・伝達方法，避難所の位置，避難方法等を記載したハザードマップを作成し，周知を図る．また，内閣府が作成した地震防災マップなど，関係機関が作成する地震や津波に関するハザードマップも活用する．

4.5　おわりに

　本章では，静岡県・神戸市の地震に対する地域防災計画に何が策定されているかを，それぞれのHPにより見てきた．阪神・淡路大震災の被災状況，復興への取り組み，神戸市復興計画等については参考文献13)に詳しい．

参考文献

1) 内閣府災害対策関係法律 HP：大規模地震対策特別措置法
　　http://www.bousai.go.jp/jishin/law/012-1.html
2) 内閣府災害対策関係法律 HP：地震財特法，http://www.bousai.go.jp/jishin/law/015-1.html
3) 内閣府災害対策関係法律 HP：地震防災対策特別措置法
　　http://www.bousai.go.jp/jishin/law/012-2.html

4) 内閣府災害対策関係法律 HP：災害対策基本法，http://www.bousai.go.jp/jishin/law/001-1.html
5) 内閣府防災情報のページ：東海地震対策大綱
　　　http://www.bousai.go.jp/jishin/chubou/taisaku_toukai/toukai_top.html
6) 内閣府防災情報のページ：東海地震の地震防災対策強化地域に係る地震防災基本計画
　　　http://www.bousai.go.jp/jishin/chubou/taisaku_toukai/pdf/kihonkeikaku/honbun.pdf
　　　http://www.bousai.go.jp/jishin/chubou/taisaku_toukai/pdf/kihonkeikaku/gaiyou.pdf
　　　http://www.bousai.go.jp/jishin/chubou/taisaku_toukai/pdf/kihonkeikaku/taisyouhyou.pdf
7) 静岡県危機管理局危機対策室 HP：地震防災基本計画
　　　http://www.pref.shizuoka.jp/bousai/seisaku/kihon.htm
8) 静岡県危機管理局危機対策室 HP：静岡県地震対策アクションプログラム 2006
　　　http://www.pref.shizuoka.jp/bousai/seisaku/documents/akusyon2006.pdf
9) 静岡県危機管理局危機対策室 HP：地震財特法に基づく地震対策緊急整備事業計画
　　　http://www.pref.shizuoka.jp/bousai/seisaku/zaitoku.htm
10) 神戸市 HP：神戸市地域防災計画と水防計画，http://www.city.kobe.lg.jp/safety/prevention/plan/
11) 神戸市 HP：神戸市地域防災計画・地震対策編
　　　http://www.city.kobe.lg.jp/safety/prevention/plan/jishin/j-index.html
12) 神戸市 HP：（神戸市地域防災計画）安心都市づくり推進計画
　　　http://www.city.kobe.lg.jp/safety/prevention/plan/scheme/a-index.html
13) 神戸市 HP：神戸市の復興，http://www.city.kobe.lg.jp/safety/hanshinawaji/revival/

5章　地震に強い街づくり

5.1　はじめに

　1995年1月17日早朝に兵庫県南部地震が阪神・淡路地域を襲った．その被害に関する主な数値は既に4.4.1で見た．木造住宅は次々と倒れ，高架の高速道路は横倒しとなり，電気・ガス・水道は一斉にとまり，自力の生活が困難となった30万人以上の被災者が避難所での生活を余儀なくされた．経済損失も直接的な被害額だけでも，10兆円近くに達した．この阪神・淡路大震災を機に，地震防災対策について国においても積極的に議論され，多くの自治体で地域防災計画が策定されるようになってきたことはこれまで見たとおりである．

　本章では視点を変えて，地震に強い街づくりを個別の施設ごとに見ていくことにする．すなわち，建物・高架道路（橋梁）・都市ガス・水道施設・ブロック塀・都市地盤・地中構造物・住宅密集地・液状化地盤・津波等に対する地震対策の現状と課題について述べる．

5.2　建物の耐震性向上

　建物の工法は数多くあり，工法と建築年代によって被害の程度が異なっていた．住宅には主として在来工法（軸組工法），ツーバイフォー（枠組み壁工法），プレハブ（木質系・鉄骨系・コンクリート系）工法などがあり，鉄筋コンクリート造の建物には骨組構造と壁式構造がある．本節では，木造住宅および鉄筋コンクリート造の建物について，阪神・淡路大震災における被害状況とその原因について概観する．

5.2.1　木造住宅

　木造住宅の被害は，その工法と建築年代とに大きな相関があるようである．上述の3つの工法のうち特に在来工法の古い住宅に被害が集中した．理由としては主に2つ挙げられている．

　1つは，古い住宅は，1950年制定の旧耐震設計基準で設計されているため，大地震に対する耐震性能に問題があった．旧耐震設計基準で建てられた住宅には，地震に抵抗する役割を持つ「筋違」が少なく，揺れに対しての抵抗力が小さく，崩壊しやすかったと言われている．2つ目は，古い住宅であるため老朽化が進み，耐震性能が低下していたからと考えられる．また，被害が発生した住宅の特徴として，1階を駐車スペースなどとして利用している，いわゆるピロティ形式の建物であることが指摘されている（被害例を写真－5.2.1

写真－5.2.1　1階が層崩壊した木造住宅

写真-5.2.2　RC 柱のせん断破壊
（2005 年福岡県西方沖地震）

写真-5.2.3　6 階部分が層崩壊した建物
（神戸市役所第2庁舎）

に示す）．不安の残る住宅はなるべく早く耐震診断の上，必要ならば耐震補強等の対策を講じるべきである．

5.2.2　鉄筋コンクリート造の建物

鉄筋コンクリート造建物においては，柱のせん断破壊と骨組構造の建物の層崩壊が主な被害パターンとして上げられる．

写真-5.2.2 に示すような柱のせん断破壊に関しては，1971 年以前に建設された古い建物に特に被害が多く確認されている．それ以降の建物に被害が少ないのは，1968 年に発生した十勝沖地震の教訓を生かして，この年に柱の帯鉄筋に関する規定が強化されたためである．柱帯鉄筋が不足している場合には，斜めひび割れが大きく開き，場合によっては帯鉄筋の切断を伴って柱がせん断破壊し，結果として建物の重さを負担できなくなり倒壊してしまう．また，柱帯鉄筋はせん断破壊の防止とともに，軸方向鉄筋内部のコンクリートを外側から押さえ，コンクリートが圧縮された場合の粘りのない壊れ方を防ぎ靱性を増すという役目もある．

次に骨組構造の建物に関しては，1 階部分に駐車場および店舗などを有した構造の場合，その階には壁がほとんどない（ピロティ形式）のに対し，2 階以上にはいろいろな壁があって，横に押されたときに変形しにくい骨組になっている．このような構造では相対的に軟らかい 1 階部分に変形が集中し，柱に十分な強さと粘りがない場合には，建物の崩壊が発生する．

阪神・淡路大震災においては，このほかに，建物の中層階における層崩壊が生じて耳目を集めた．写真-5.2.3 は神戸市役所の第 2 庁舎であるが，地震による揺れのため，6 階のみが層崩壊した．これは揺れによる変形によって生じた断面力が 6 階部分の耐力を上回ったためで，動的解析による耐震設計が必要なことを示している．

5.2.3　ガラス破片の落下とブロック塀の倒壊防止

2005 年福岡県西方沖地震では，福岡市中央区天神の繁華街にある福岡ビル（1961 年竣工，RC 造 10 階建て，写真-5.2.4）において，1,608 枚の窓ガラスが直下の歩道に落下した．大通

写真−5.2.4　多数の窓ガラスが割れて落下したビル

写真−5.2.5　ブロック塀の崩壊例

りに面したビルの所有・管理者は，事故防止のために改修を急ぐべきである．

　福岡県西方沖地震での唯一の死者はブロック塀の下敷きにより発生した．同地震では福岡市立の学校 52 校のブロック塀が被災したと報じられている．1978 年の宮城県沖地震ではブロック塀や石塀の下敷きで児童 16 人が死亡する事故が起きている．その後制定された建築基準法施行令では，ブロック塀は高さ 2.2m 以下にすること，壁内に直径 9mm 以上の鉄筋を縦横 80cm 以下の間隔で配置することなどが定められた．ただし，住宅とは別に塀だけを作る場合には建築基準法による検査は行われていないとのことである．写真−5.2.5 の倒壊したブロック塀では，鉄筋も見受けられるが腐食しており，塀は完全に崩壊した．地震に対して安全な街づくりを完成させるためには是非とも注意を払うべき事項である．

5.3 高架橋梁の耐震性向上

　1995 年に発生した兵庫県南部地震では特に高架の高速道路や鉄道橋に大きな被害が生じた．連続道路高架橋の倒壊（写真−5.3.1）や，単純桁橋の落橋（写真−4.4.2，5.3.2），橋脚の崩壊・損傷，支承の崩壊など多数の橋梁に被害が生じて，その復旧は時間を要し，地域住民の交通の便は当然のことながら，地域経済にも多大な影響を及ぼした．

　基本的には，それまでの設計地震荷重を大きく上回る地震動が作用したことが，被害の主要因ではあるが，設計の考え方や構造細目も改善の余地があるということで，多くの実験を新た

写真−5.3.1　RC連続高架橋の倒壊

写真−5.3.2　道路斜橋の落橋

に実施し，それまで蓄積されていた知見も含めて，設計基準の大幅な改訂につながった．

それに伴い現在では，高架橋梁を始めとする多くの橋梁の耐震補強が進んだが，まだ手つかずの橋梁も多く，直下地震により被害を受ける可能性は残っている．

5.4 都市ガス・水道施設の地震対策

5.4.1 都市ガス供給の地震対策

福岡地域に都市ガスを供給している西部ガス(株)の福岡導管保安センター保安司令室では，2005年福岡県西方沖地震の際，地震発生30分後に，ガス供給停止の必要はないと判断している．同社では，47ヵ所に地震計を設置しており，同地震によって最大速度44cm/sを記録した．60cm/s以上で供給即時停止，30〜60cm/sでは被害状況に応じて供給停止を判断することとなっていたため，160ヵ所の圧力監視システムにおいて大きな圧力低下がなかったことから供給を続行した．ガス供給を一旦止めると，全所帯を訪れてガス栓の開閉を確認したあとでないとガス供給を再開できないため，復旧に10日以上かかるとされている．長期間ガスのない生活を余儀なくされた場合を考えると，胸をなで下ろした住民も多いことであろう．

各家庭のガスメータ器内に装備されているマイコンメータが，ガス管の圧力低下と，火災などの地震後の2次災害の防止に役立ったと思われる．マイコンメータは，鋼球振動式感振器・圧力センサー・流量センサー・マイコンチップを内蔵しており，ガス使用中に震度5相当以上の地震があると自動的にガスの供給が遮断される．同地震の時には約2,800件作動している．

ガスが止まった場合の復旧方法を知らなかったため，問い合わせが地震後に殺到し，復旧方法をテレビ放送して事態が収拾した．ただし，マイコンメータには復帰ボタンが装備されており，復旧方法も表示しているので，各自で復旧できたはずである（図-5.4.1）．

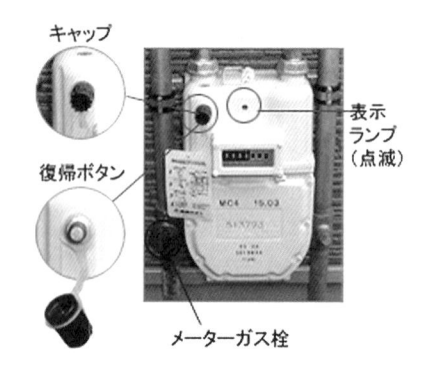

図-5.4.1 マイコンメータと復帰ボタン[1]

ちなみに，マイコンメータは阪神・淡路大震災を教訓として1997年に設置が義務づけられており，福岡市では普及率100%であった．大震災の教訓による法制化が生きた事例である．

5.4.2 水道施設の地震対策

2005年福岡県西方沖地震による，地震直後の断水総戸数は748戸であったが，2日後の22日午後5時の時点では玄界島の243戸のみとなった．配水本管修理件数は44件，道路給水管漏水件数71件，内線漏水は件数1,109件であった．配水管の90%以上がダクタイル鋳鉄管で，耐震継ぎ手有り（延長約50km）の配水管では無被害であった．被害の最も大きかった玄界島への海底送水鋼管では被害はなかったが，島内で宅地崩壊が顕著だった高所地区は断水した．

被害箇所は埋め立て地と不整形地盤，硬軟地層境界に多かった．被害が予想される地域の配水管・給水管等の一層の耐震化が望まれる．

5.5 不整形地盤における地震動増幅への対処

2005年福岡県西方沖地震での建物の被害は福岡市中央区天神地区より西側の大名・今泉地区に集中した（図-5.5.1）.

天神5丁目に設置されている防災科学技術研究所の強震ネットワーク（K-NET）による観測結果（地表面地震動）の最大値は南北方向277gal（ガル, cm/sec^2），東西方向239ガルであった．一方，大名2丁目所在の免震建物（（株）建設技術研究所九州支社所有）の免震基礎部（地表面相当）の最大加速度は南北方向489ガル，東西方向310ガルであった．同社の観測波形の加速度応答スペクトル（減衰定数5％で計算）は2,000ガルを超えている．

従前から，地盤内に固い地盤と軟らかい地盤が傾斜して混在する場合（不整形地盤），地震動の増幅や地盤内ひずみの増大が指摘されているが，福岡の基盤等高線図[2]によると，大名・今泉地区では等高線が密となる傾斜地盤であり，ほぼ南西の方向から北東の方向に傾斜している地層構成となっている（図-5.5.1）．この傾斜地盤は断層運動によって形成されたと言われている．この地区から，同図に併記するような長方形の地区を対象にして，3次元有限要素法による地盤の線形時刻歴応答解析を行ったとこ

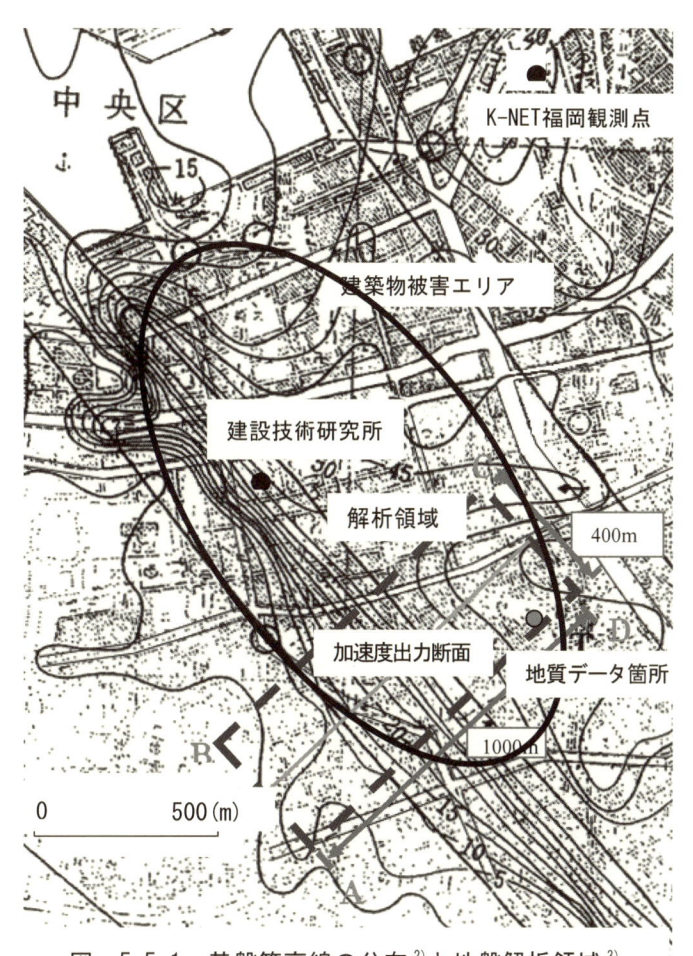

図-5.5.1 基盤等高線の分布[2]と地盤解析領域[3]

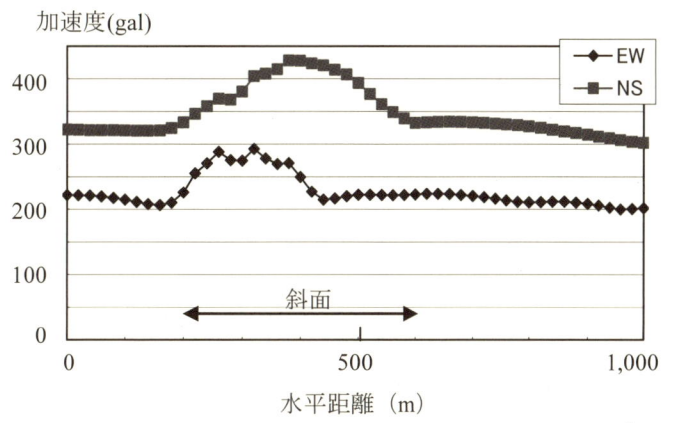

図-5.5.2 基盤傾斜地盤における加速度の増幅傾向[4]

ろ，図-5.5.2 に示すように観測加速度と調和的な結果を得ている[4]．

同様に，福岡市南部及び春日市においても飛び地的に建物の被害が目立つ地域があった．これらの被災地域を基盤等高図に重ねてみると，それらの地域が堆積層の厚い凹地であることが分かり，被災の原因は地震動の局地的な増幅に起因しているといえる．

5.6 地中構造物の耐震安全性
5.6.1 地中構造物の被害

これまで，地震による地中の揺れは地上より小さく，硬い地盤は変形しにくいため，地中構造物は，地震に対し十分な強度を持っているといわれてきた．しかし，阪神・淡路大震災では一部の地下鉄駅ではあるが，鉄筋コンクリート柱の崩壊とそれに伴う道路の陥没が生じた（写真-5.6.1）．したがって，地震により地下街や地下鉄の施設が大きく被害を受

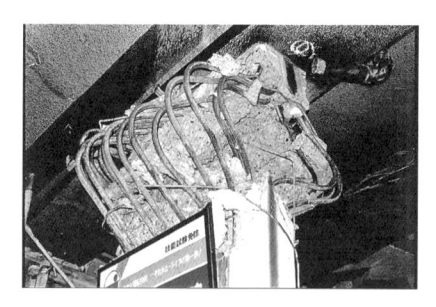

写真-5.6.1 地下鉄構内の RC 柱の崩壊とそれに伴う路面の陥没（建設省土木研究所（当時）提供・撮影者不詳）

ける可能性は少ないもののその危険性は否定できない．しかも，建設後数十年を経た地下構造物も多く，これら老朽施設の残存耐力がどの程度であるかについては，別途検討を要する事項である．

5.6.2 パニックについて

地震により災害が発生した際，最も危険なことの一つはパニックに陥ってしまうことであろう．パニックとは，突発的な災害，事故に遭遇して，その場に居合わせた不特定多数の人々が支離滅裂な避難行動をとることである．パニックが起こるための条件として，①突如としてその危機が発生すること，②その場から脱出しなければ，助からないという認識を，居合わせた人々が持つこと，③脱出口があること，④ただし，その脱出口が限られていること，の4つが挙げられるという[5]．この4つの条件からすれば，地下鉄や地下街はまさにこの状況にあてはまる．

人々がパニックに陥ってしまうと，災害を助長し，思いもよらぬ二次災害を生むことがある．その実例として，1988年のアルメニア地震では，震源地付近の工場で約2,000人が作業していたが，突然の衝撃で天井が落ちてしまい，危険を感じた従業員たちが一斉に階段に殺到し，けが人が大量に出るという事態に至った事例がある[5]．

地下街で大地震にあった場合にとる行動に関する調査[6]からも「すぐ近くの階段から地上に逃げる」と回答した人が全体の37.1%いるが，「みんなについて逃げる」と答えた人も全体の 9.2%いる．このことからも，人々がパニックに陥り，二次災害を引き起こす可能性は高いといえる．関係者の避難誘導訓練等が必要である．

5.7 住宅密集地の改良

5.7.1 住宅密集地での火災例

住宅密集地などでは,家屋の倒壊と同様に,火災による被害が怖い.地震火災が懸念される地域として,木造家屋が密集している地域,不燃地域が少なく道路が狭く入り組んでいる地域などが挙げられ,そのような地域では消火活動が困難を極めるおそれがある.また,住宅地においては,昼間人口が減少し,初期消火活動が期待できないため,火災による被害が増大する可能性が高い.

写真－5.7.1　兵庫県南部地震における火災跡

1995 年の兵庫県南部地震でも,古い木造住宅の密集した地域において,地震による大規模な倒壊,火災が発生した.特に,神戸市兵庫区,長田区などでは大火災となった.神戸市内という人口密集地で発生したため,多数の住民が避難所での生活を余儀なくされた.この地震による直接死者は約 5,500 人で,このうち約 550 人(約 10%)が火災を原因としている.

5.7.2 想定される火災被害

文献 7)を参考にすると,表－5.7.1 と 5.7.2 のような火災被害の想定を行っている.東京湾北部地震M6.9 の場合では,都内の建物約 270 万棟のうち,約 18.3 万棟(約 7%)が焼失し,焼失面積は約 53km^2 となる.またM7.3 の場合では,約 31 万棟(約 11%)が焼失し,焼失面積は約 98km^2 となる.冬の朝 5 時は,冬の夕方 18 時と比較して出火件数は 1/2 以下である.

死亡者に関しては冬の夕方 18 時の場合,M6.9 で死亡者総数の約 51%(約 1,400 人)が火災を原因として死亡するとしている.

5.7.3 対策

現在,各地方自治体を中心に火災に強い街づくりが進められている.耐火構造の建物を配したり,道路・空地の拡張など,不燃空間の拡大を目指している.しかし,依然として木造家屋の密集している地域も少なくなく,火災により大きな被害を受ける可能性は高いといえる.火災はあっという間に燃え広がっていくため,一刻も早く避難を開始するのが賢明である.道幅の広い道路,鉄骨や鉄筋などの燃えにくい建物を目標に避難所へ効率よく逃げることが肝要である.

表－5.7.1　想定される火災被害 (夕方 18 時の場合) [7]

	東京湾北部地震					
	M6.9			M7.3		
	出火数	焼失棟数	焼失面積	出火数	焼失棟数	焼失面積
東京都	749	183,034	52.96	1,145	310,016	97.75

(単位:件, 棟, km^2)

表-5.7.2　想定される火災被害（朝5時の場合）[7]

	東京湾北部地震					
	M6.9			M7.3		
	出火数	焼失棟数	焼失面積	出火数	焼失棟数	焼失面積
東京都	327	21,813	6.07	561	73,291	23.25

（単位：件, 棟, km^2）

5.8　液状化地盤対策

5.8.1　液状化によって予想される被害

　ウォーターフロントや埋立地などでは，液状化の危険性が高い．液状化現象とは，地震の際に水分を十分に含んだ砂地盤において，砂粒子がしめ固められ，地盤内で圧力の高くなった水が地表に噴出する現象である．これにより，比重の大きい構造物が埋もれ，倒れたり，地中の比重の軽い構造物（下水管等）が浮き上がったりする．この液状化は，安定していない土壌，つまり比較的新しく形成された土壌で起こりやすいといわれている．

　実例として，1993年北海道南西沖地震による函館港や，1995年の兵庫県南部地震による神戸市のポートアイランドなどで大規模な液状化現象が確認された．写真-5.8.1は北海道南西沖地震における函館港の岸壁における被害の様子である．また，1993年の北海道東方沖地震や2004年の新潟中越地震でも，水田や湖沼を埋め立てた箇所や新興住宅地等で液状化の発生が見られ，歩道の沈降，マンホールの浮き上がりなどが確認された．写真-5.8.2は釧路市のマンホールの浮き上がりの様子である．

　このような地域で液状化の危険度が高いのはもちろんのこと，河川の河口付近のように，上流から運ばれた土砂でできた地盤も，注意が必要となる．また，現在は付近に川が見当たらなくても，古い時代の川筋や，地下水脈が走っているところは，水分を含んだ砂地盤が堆積している可能性が高く注意が必要となる．

5.8.2　液状化対策

　液状化により建物の倒壊，道路の地割れ，噴砂などが発生する．これらは，避難や救援活動を行う際にも非常に大きな障害となる．したがって，自分の住んでいる地域の液状化発生の可能性を十分に理解しておく必要がある．例えば，国土地理院[7]は生活の基盤である土地

写真-5.8.1　函館港弁天地区第6岸壁の被災　　写真-5.8.2　マンホールの浮上（釧路市）

写真－5.9.1　奥尻島青苗地区の被災（北海道南西沖地震）

の成り立ち，形状，構成物質等から分類した土地条件図を刊行している．また，液状化予測図[8]が発表されている地域もあるので，それらを参考にするのがよい．

液状化対策として，液状化の発生を防止する対策や，液状化の発生は許すが構造的に抵抗する対策など，様々な対策工法が研究されている．液状化の発生する可能性の高い地域では，それぞれの目的に応じた対策工法を用い，液状化被害を減らす工夫が必要である．

5.9 津波対策

北海道南西沖地震（M=7.8）は1993年7月に奥尻島の北西沖で発生した．奥尻島は地震発生の数分後には津波に襲われ，津波警報を発令する時間的余裕もなかった．しかし，島民の多くは，その10年前の日本海中部地震（M=7.7）による津波被害を鮮明に記憶しており，迅速に高台への避難を行った．もし迅速な避難がなかったら，さらに多くの犠牲者を出していた．それでも，津波による死者は142名に達した（写真－5.9.1）．

1983年に発生した日本海中部地震（M=7.7）の際には，住民の津波に対する危険性の認識が低く，防災を担う側にも，津波の危険性の認識が不足していた．例えば秋田県の消防防災課は事前に大津波警報発令の緊急連絡を受けていたが，津波警報の広報が遅れ，住民には避難の時間的余裕が少なかった．ただし，被災者側にも油断があり，全体の避難率が20％に留まり，その結果100名が犠牲となった．

これら2つの地震被害による比較より見えてくるものは，被災地に住む人々の災害に対する心構え（経験）の違いで被害に差が出てくるということである．被害を軽減するためには，一般の人々が災害に対する意識を明確に持つことが必要であることがわかる．

5.10 おわりに

日本は世界有数の地震国であり，世界の地震の約1割は日本で発生している．ここでは，地震発生に備えた建物の耐震性の向上，都市内の危険性の排除，社会基盤の地震対策，地盤への注意，地中構造物の耐震性，住宅密集地の改良，液状化対策，津波対策など地震に強い街づくりに関連する事項をまとめて記述した．阪神・淡路大震災以降，様々な形で地震災対策を行っ

ているが，まだ十分ではないと思われる．谷，海沿い，造成地は地盤が軟弱である．こういった身近の自然環境についての知識も，地震被害から身を守るために必要なことであろう．そしていざ地震が発生したとき，自分自身の命をどうやって守ればよいのか，その方法を日常生活の中で具体的に考えておく必要がある．

参考文献

1) 西部ガスHP：マイコンメータの復帰方法，http://www.saibugas.co.jp/safe/05/1_5.htm
2) 九州地質調査業協会：福岡地盤図（1981）
3) 大塚久哲：福岡県西方沖地震調査速報，土木学会誌，Vol.90, No.5, pp.35-38, 2005.5
4) 大塚久哲：福岡県西方沖地震の被害概要と教訓，土木学会地震工学論文集，2005.9
5) 溝上　恵：大地震が東京を襲う，中経出版，1993.9
6) 警視庁大震災対策委員会・警視庁警備心理学研究会：大震災対策のための心理学的調査研究，2005
7) 東京都防災会議：首都直下地震による東京の被害想定，2006.5
8) 国土地理院HP：土地条件図
    http://www1.gsi.go.jp/geowww/landcondition/landcondition.html
9) 東京都土木技術支援・人材育成センターHP：液状化予測図
    http://doboku.metro.tokyo.jp/start/03-jyouhou/ekijyouka/index.htm

6章　防災対策と事業継続計画

6.1　はじめに

　阪神・淡路大震災では，多くの企業が倒産の危機に瀕したといわれ，これを教訓に企業の防災計画や防災マニュアルの策定が推進されてきた．国や自治体の防災計画とは異なり，企業における防災対策は，企業の持つ社会的責任や特色を踏まえ，各業界または企業ごとに独自に作成される．その中で，防災計画の策定，防災教育・訓練等の積極的な実施も企業にとって重要な課題といえる．

　しかし，企業が災害後も業務を継続するには，それだけでは問題があることが2007年新潟県中越沖地震で明らかとなった．同地震により，自動車部品メーカーの柏崎工場が大きな被害を受け，操業停止に陥った．同社は，エンジンに使われるピストンリングで日本市場の50％，シーリングと呼ばれる変速器部品で70％のシェアを占める企業であった．そのため，同工場の被災は，国内自動車メーカー全12社に大きな影響を与え，うち8社が生産を中止または減産を余儀なくされた．したがって，企業はこれまでの防災計画のみならず，災害後も事業中断の影響を最小限にとどめ，企業の競争力や信頼を失うことがないように対策を講じる必要がある．これが，最近注目を浴びている「事業継続計画」である．

　このような現状を踏まえ本章では，まず公共性の高い企業の防災対策を見ていく．次に，事業継続計画に焦点を当て，国・自治体・企業の今後の防災対策のあり方を考えていく．

6.2　企業の防災対策

6.2.1　企業の防災理念

　企業における防災対策が，国や自治体の防災計画や個人の防災対策と異なるのは，利益・財産を保全しなければならないという点であろう．つまり，災害時でも事業を継続するために，事業所をはじめとする主要施設が崩壊しないこと，従業員の安全を確保すること，が防災対策の前提となる．しかも，従業員には顧客の安全確保を最優先とした行動が求められ，被災地の事業所には近隣地域への災害支援も求められる．

　このことから，企業が防災対策を作成する際に掲げるべき項目として，
① 事業所の財産の保護および建物崩壊や火災等による二次災害の防止，
② 従業員および顧客の安全確保，
③ 事業の早期復旧，
④ 近隣地域への災害支援

などが挙げられる．これらをもとに，防災対策マニュアル・事業継続計画の作成，建物・施設の耐震化，従業員の防災教育・訓練等を行っていく必要がある．

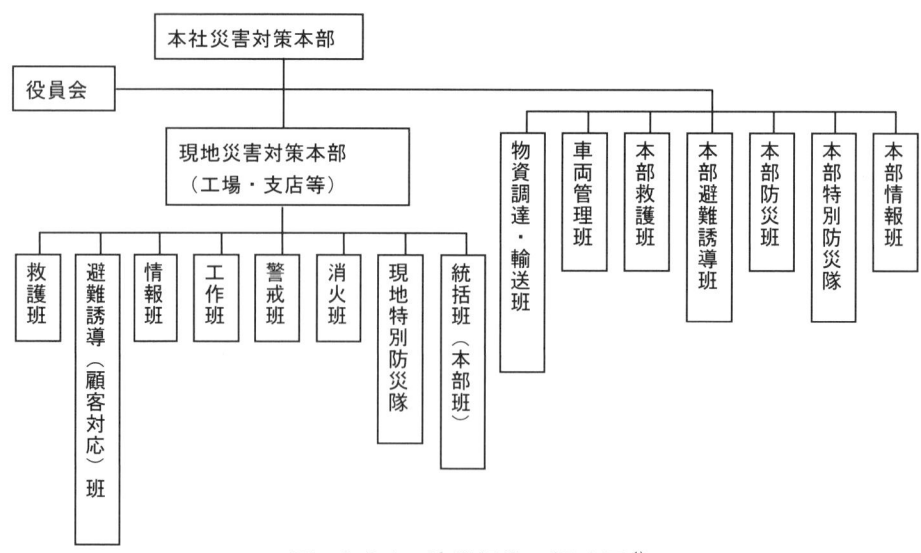

図−6.2.1　防災組織の概略図[1]

6.2.2　企業の防災組織

災害時に企業という組織で効率よく活動していくためには，想定される被害や地域，その周辺環境，企業の特色等を考慮し，体制を整えておく必要がある．一般的に防災組織は，災害対策本部，現地災害対策本部を設置し，その下に小規模の班を複数設置する形をとる．図−6.2.1に一般的な防災組織の概略を示す[1]．このような組織図をもとに，社内規定や防災マニュアルの作成を行っていく．班ごとの役割については文献1)に詳しい．

6.2.3　企業における災害時の情報対策

(1) 情報対策の重要性

情報とは行動開始や判断基準の重要な要素であり，特に災害時においては企業という組織として活動するために必要不可欠なものである．阪神・淡路大震災では，国の情報収集と対応の遅れにより，防災活動に大きな影響を与えたといわれているが，迅速かつ正確な情報を収集し，それを防災活動へ反映させることは企業にも求められる．災害時に企業が扱うと予想される情報の種類は多く，通信設備や情報伝達体制を十分に整えておかなければ，防災活動だけでなく事業の継続・復旧にも大きな影響を与えると思われる．表−6.2.1に災害時に企業が扱うと予想される情報について示す[1]．

(2) 情報の収集と伝達の基本

地震発生直後，被災企業が収集すべき情報として，事業所周辺の被災状況・救援救助関連，交通規制・通行可能道路等の交通関連，避難所・避難施設・救護物資関連，ライフラインの被害状況と復旧関連，銀行・スーパー等の生活関連などが挙げられる[1]．これらの情報を優先して収集することは，従業員の安全確保と早期の事業復旧につながるといえる．

しかし，災害時には電話をはじめ，多くの通信機器に障害が発生することが予想される．そのため，人手を介した情報収集手段も事前に確立しておくことが必要である．例えば，震災時

表-6.2.1　災害時に企業が扱うと予想される情報の種類[1]

時間	情報の種類
地震発生直後	119番への火災，救助，救急要請等の防災情報
混乱期	関係企業および被災地の被害状況と安否の確認
	各企業の被害，応急対応，支援に関する情報
	避難所での生活に関する情報
	ライフライン等の営業再開および小売店舗等の営業情報
応急復旧開始	全国からの被災支援に関する情報
	復旧，復興に向けての金融，法律相談，手配等の情報

に召集される従業員が多少の時間をかけてでも，被災地の状況を確認しながら召集場所へ向かうことも有効な手段となろう．また，大地震のような危機的状況下では，収集した情報を冷静に見極め，判断することが重要である．特に意思決定権を持つ役員等は，防災訓練や防災センター等での模擬経験を通し，防災の知識と経験を蓄積しておくことが重要である．

情報を伝達する場合に注意すべきことは，情報を簡潔にまとめることである．災害などの緊急時には，詳細な情報を遅れて伝達するよりも結論のみを簡潔に伝達し，詳細な経過等はある程度状況が沈静した段階で報告することが望ましい．さらに，従業員や顧客への伝達も簡潔にかつ分かりやすい表現で行い，特に安全に関する情報は一人一人に確実に伝わるようにする必要がある．

6.2.4　企業における物流対策

経済効率を高めるための生産技術としてジャストインタイム方式というものがある．この方式では，生産工場では部品のストックを持たず，部品の補給は製造作業が継続できるように下請け企業が時間に合わせて補給する．したがって，大地震などで交通規制がかかれば，部品の納入が間に合わず，生産工場ではライン全体が停止してしまう恐れがある．また，部品の納入遅れだけでなく，震災等によって工場の一部の機能が停止した場合でも工場全体のラインが停止し，製品を完成させることは不可能となる．例えば，2007年新潟県中越沖地震では，ジャストインタイム方式を採用していた国内の主要自動車メーカーの下請け企業では，部品納入ができずに生産工場の操業がストップし，自動車の生産を一時停止するという事態に陥った．

このように地震によって企業に直接的な被害がなくても，物流がストップすれば結果として大きな経済損失を招くということがわかる．企業は，短期的な効率だけでなく，長期的な視点でリスクを考え，事業の継続が可能かどうかを検討していく必要がある．

一般的な物流対策としては，下請け企業や協力会社とのネットワーク全体のリスクを考え，生産設備や物流センターの分散化・多重化を図ることである．さらには，部品の納入の遅延を考慮して在庫量をある程度増やし，道路からの輸送だけでなく，非常時には船や航空機による輸送手段も確保しておくことが望ましい．

6.3 事業継続計画
6.3.1 事業継続計画とは

　事業継続計画（Business Continuity Plan：BCP）とは，企業が地震などの被害を受けた際に，事業を中断させない，もしくは中断しても速やかに復旧できるような方針や行動手順を定めたもので，リスクマネジメントの一種である．企業が業務を中断することは，取引先等の利害関係者の損失や，重要業務中断に伴う顧客の他社への流出，マーケットシェアの低下，企業評価の低下など企業価値を損なう恐れがあり，そういったリスクから企業を守ることが BCP の目的である．

　BCP は，地震や火災など不測の事態の発生によって，業務遂行のためのリソース（人やモノなど）が強制的に制限されてしまった状況下で，重要な業務を継続するための手続きがまとめられた文書であり，BCP を作成し，PDCA サイクルに基づく教育や訓練を通じ，社内に BCP を定着させ運用していく一連の活動を事業継続マネジメント（BCM）という．

　BCP を策定していないときの予想復旧曲線は通常，操業度と復旧時間がともに目標および許容限界を大きく超えているのに対し，BCP を策定することで，目標期間内に操業度を復旧させ，さらに，災害時の操業度の低下を目標範囲内に収め，事業を中断させないことが可能となる[2]．

6.3.2 事業継続計画と防災計画の違い

　BCP と防災計画は相互に補完し合うものであるが，基本的な考え方が大きく異なる．BCP の特徴を挙げると，以下の通りである[2]．
(1) 事業に著しいダメージを与えかねない重大被害を想定して計画を作成する．
(2) 災害後に活用できる資源に制限があることを認識し，継続すべき重要業務を絞り込む．
(3) 各重要業務の担当ごとに，どのような被害が生じるとその重要業務の継続が危うくなるかを抽出して検討を進める．結果としてあらゆる災害が想定される．
(4) 重要業務の継続に不可欠で，再調達や復旧に時間や手間がかかり，復旧の制約となりかねない重要な要素（ボトルネック）を洗い出し，重点的に対処する．
(5) 重要業務の目標復旧時間を設定し，その達成に向け知恵を結集し事前準備をする．
(6) 緊急時の経営や意思決定，管理などのマネジメント手法の1つに位置づけられ，指揮命令系統の維持，情報の発信・共有，災害時の経営判断など，危機管理や緊急時対応の要素を含んでいる．

　また，表-6.3.1 は防災計画と BCP を策定する際の考え方の比較を示している[3]．これにより，BCP 策定にはこれまでの防災計画とは大きく異なる固有の考え方があることがわかる．具体的には，「対象範囲」，「リスク想定」，「復旧方針」の3点にその差異が見られる．防災計画は，危険が予測される限定的な範囲に対し，特定の災害を対象に，災害が発生した際のライフラインの復旧状況等から事後的に復旧期限を決める．これに対し BCP は，中核事業を継続するための重要業務を対象に，災害から生じる結果より多角的にリスクを洗い出す．そして，前もって目標復旧時間を設定し，復旧作業や代替手段を活用することで，重要業務の中断や経営

表－6.3.1　防災計画と事業継続計画の違い[3]

内容	防災計画	事業継続計画
目的	人命の安全 物的被害の最小化 二次災害の拡大防止	防災の目的+経営への影響の最小化 （競争力，信用，雇用， 社会的責任の維持）
対象	限定的 （工場や危険が予想される 設備や場所）	事業とそれを構成する全ての 重要業務プロセス
リスク想定	特定の災害の原因を想定 （「震度6の地震」など）	災害の結果，つまり業務中断の 要因を主なリスクとして想定 （製造ラインが稼動しない， 社員が出社できないなど）
復旧方針	被災状況を見て事後的に復旧期限を 判断．ライフラインの復旧状況に 左右される．	事前に目標復旧時間を設定し，この 期限を守るための復旧手段を講じる． （生産拠点の移転その他の 代替手段を通じて）
日常の 取り組み	日常の安全点検，防災訓練， 現場中心の安全対策	防災の取り組み+BCP定着のための 全社的な教育・訓練

への影響を最小限に抑えることを可能としている．

6.3.3　事業継続計画策定の流れ

　事業継続計画は「経営者が方針を立てる」から始まり，「実施」，「結果の点検」等を経て，「経営層で見直し」を行い，再度「方針を立てる」という流れが一般的である[2]．防災計画や震災対策にも言えることであるが，事業継続計画は一度作成したら終わりではなく，継続的な改善が必要である．特に定期的な訓練等を通し，より実践的なものへと修正していくことが重要である．

6.4　インフラ系企業等の事業継続計画

6.4.1　ガス会社の事業継続計画

　ガスは公共性の高いインフラであり，都市機能の維持のためには必要不可欠なものである．したがって，被災後のガスの安定供給が最優先事項であり，同時に火災や爆発といった事故の防止にも努めなければならない．例えば，東京ガスでは，防災対策の中に事業継続の概念が取り入れられている．そのため，一般的には事業継続計画と呼べるような方策も同社では防災対策の1つとして位置づけられ，発災時の業務継続のために行う行動指針が定められている．同社では，安全対策の3つの柱として以下のことを掲げている[4]．
　① 事故や故障等の発生しにくい設備を普及させること（ハード対策）
　② 正しい使用方法の周知および定期点検等による維持管理（ソフト対策）
　③ 事故を未然に防ぐための緊急出動体制
以下に同社の業務継続のための具体的な対策を示す[5]．

(1) 予防対策

予防対策として，大地震にも耐える工場設備，ガスを運ぶ耐震性の高いガス導管，安全性が実証されているガスホルダー(貯蔵施設)，主要設備に設置された緊急遮断装置を挙げている．

(2) 緊急対策

地震が発生した場合，被害が大きい地域ではガスによる二次災害を防ぐため，供給を遮断する必要がある．しかし，企業の持つ社会的責任を考えれば，事業の継続も重要であるため，比較的被害の少ない地域では安定供給を行わなければならない．そのために，地震の被害に応じて供給を停止または継続する地域を選択できるよう供給地域がブロック化されている．この供給地域のブロック化は，中圧導管網による大ブロック化と低圧導管網による小ブロック化の2段階で行われている．さらに東京ガスでは低圧導管網による小ブロック内に，30〜40基のSIセンサーを設置している．

このSIセンサーは，地震の振動が建物に与える影響を数値化したSI値を観測するもので，ある一定値以上の観測値に対しガスを遮断する仕組みになっている．ガスの遮断は自動と遠隔操作の両方に対応しており，超高密度に設置されたSIセンサーにより，供給停止作業が15分で行えるという．

(3) 復旧対策

復旧対策としては，スピーディに復旧を図るための作業プロセス，先端システムを活用した効率的な作業，報道機関やインターネットHPによる広報活動を挙げている．

6.4.2 鉄道会社の事業継続計画

鉄道における安全対策は最重要課題であり，ヒューマンエラーをはじめ，自然災害や不測の事故に対する強固な対策が必要とされている．その中でも自然災害に対しては，施設設備等のハード面と地震防災計画等のソフト面での対策が必要であり，ヒューマンエラーに対しては教育・訓練，体調管理等の対策も必要である．ここでは，京王電鉄[6]を例に，鉄道会社の事業継続計画を見ていく．

(1) 震前対策

同電鉄は，阪神・淡路大震災の3年前の1992年に本社を強固な地盤の郊外へ移転し，その翌年には本社の中で災害対策室を独立させている．大地震を想定し移転した本社ビルは耐震化され，付近には広域避難場所も確保されており，本社だけでも高い防災能力を有している．これにより，緊急時の本部機能を維持でき，防災活動も迅速に行うことができるとしている．

現場における震前対策としては日常的に定期点検が行われている．これは地震対策としてだけでなく，公共輸送機関である鉄道会社としての責任でもある．さらに，隣接地域の工事等による地形の変化や，環境の変化を把握して，突発的な災害の防止に備えている．また，緊急時に総合指令所から各車両へ一斉指令を与える無線装置の導入や，連絡用通信設備の完備，応急活動に必要な資機材の整備を行い，災害に備えた体制が敷かれている．輸送機関として最も重要な旅客の安全確保についても，避難場所への旅客の誘導措置，パニック防止策，自衛消防組織の任務分担といった対策が行われている．

(2) 従業員の防災教育と訓練

　同電鉄における社員の防災教育・訓練は，実際の地震時に対応できる能力を習得できるように具体性の高いものとなっている．

　新入社員研修の中に防災教育が組み込まれ，災害対策室員が講師となり，応急手当などの体験学習を実施している．応急手当については，1994年から都条例等の改正により，応急救護に必要な知識・技能の普及が鉄道事業者の責務であると明記されたが，同電鉄では，それ以前から消防署の指導の下，従業員の応急救護教育を行ってきた．鉄道部門では，乗務員に対して地震発生のメカニズムや，過去の地震による被害・対策例，地震に関する最新情報等の講義を行い，大規模地震に対しての関心を高め，指定公共機関の従業員としての心得を認識させている．

　総合的な防災訓練が毎年行われ，例えば，夜間や休日の大地震を想定した非常参集訓練では，即座に本社機能を確立するための連絡体制の確認や徒歩・自転車等での参集訓練が行われた．この結果を反映し，緊急要員は地震発生後1時間以内に参集可能な範囲に居住することとなった．防災訓練はただ行うだけではなく，問題点があった場合は修正して訓練を繰り返すことが肝要である．

　同電鉄のように，入社時からの防災教育や訓練は，緊急時の的確な判断や迅速な行動へつながると考えられ，他の企業や中小企業においても実行していくべきと考える．

(3) 鉄道施設の防災対策

　阪神・淡路大震災による教訓から，震度7に備えて，同電鉄でも落橋防止工事や高架橋の耐震補強工事が早急に行われた．また，設置した地震計により地震が感知されると，無線装置により全列車へ地震の発生と安全な場所への停車を通知する防災システムを確立した．このシステムは，風や大雨等の自然災害に対してもそれぞれ導入され，定められた基準をもとに列車の運行継続・停止措置，各鉄道施設の点検が行われる．

(4) 事業継続の基本方針

　このように鉄道事業は安全が最優先される事業であるため，BCPとして特に策定されていない場合でも，防災計画の中にBCPの理念が取り入れられていることが多い．同電鉄では，2005年からリスクマネジメントに対する取り組みが実施されてきたが，翌年にはグループ会社全体としてのリスクマネジメント体制が構築され，2008年に「大規模災害に関する事業継続基本方針」が制定された．

6.4.3　水道事業の事業継続計画

　例えば東京都では，2006年11月に策定した「東京水道長期構想STEP II〜世界に誇る安心水道〜」において，震災対策を最重要課題の一つとして位置付け，「断水のない高水準な水道」の構築を目指すこととし，予防対策を推進する「東京都水道局震災対策事業計画」[7]及び応急対策活動を確立した「東京都水道局震災応急対策計画」[8]を策定し，ハード，ソフトの両面から計画的に対策を実施している．詳しくは文献7)及び8)を参照されたい．

　事業計画に関しては，東京都政の事業継続計画[9]の中で水道に関する方策が定められており，それによると，上下水道等施設の被害状況等の把握着手が最も優先されるべき業務とされている．また，発災から24時間以内に応急給水活動を行うことも決められている．水道局をはじ

め，都の各局は，都政の BCP に基づき，非常時優先業務を目標復旧時間ごとに整理したマニュアルを作成し，教育・訓練を実施し，評価・点検・見直しを適宜行うこととされている．

6.5 建設会社の事業継続計画

6.5.1 策定の意義

建設業界では，（社）日本建設業団体連合会での「建設 BCP 策定ガイドライン」[10]の作成や，各社ごとの BCP 策定など，積極的な BCP 策定活動が見られる．これには，建設会社の社会的使命への認識が寄与している．首都直下地震などによる大規模災害発生の危惧がある中で建設会社は，自社の危機管理体制の強化としての BCP 策定のみならず，建設会社の社会的使命の達成，すなわち社会全体の防災力向上への貢献や災害発生時における建設業界への期待に応えるためにも BCP を策定する必要がある．既に BCP を通じた建設会社の社会的貢献が推進されている．

6.5.2 建設 BCP 策定ガイドライン

建設業は他業種とは大きく異なる組織・事業形態を有しているため，BCP を策定するにあたり考慮すべき，建設業の主な特異性を以下に記す[10]．

- 屋外単品生産であり，一般的に工場等の特定の生産施設を保有していない．
- 施工が長期に亘り，施工中は自然災害の影響を受けやすい．
- 災害時にはインフラ復旧等の重要な担い手となる．
- 工事の施工に関連して数多くの協力会社や資機材メーカー等と取引があり，災害時にも動員・調達が可能な作業員や建設機械等を常時有している．
- 竣工物件が多数存在し，工事引渡し後も一定期間責任が継続するため，顧客との関係が長期間にわたる．
- 現場は平時より地域と密着している．
- 防災・減災技術を保有している．

こうした特徴を十分に考慮する必要があり，この差異が他とは異なる建設会社独特の重要業務を生ずる．例えば，「インフラ復旧工事への迅速な対応」・「施工中現場の早期再開と品質管理」・「自社施工物件の被災状況確認と施主の復旧支援」などである[10]．さらに，

- リソース（労働力・資材・機材）調達のため協力会社との連携が不可欠であること，
- 被災直後は通常の運搬方法やルートが使えない可能性が高く，状況把握の手段や輸送手段およびルートを早急に確保する必要があること，
- 適切な応援部隊の編成と派遣・設計監理会社との連携・仮置き場や処分場の確保など

も重要な要素と考えられる．新潟県中越地震における建設業の貢献については，10 章で紹介する．

6.5.3 建設会社の事業継続計画例

建設会社の BCP 策定として，清水建設[11]を例に取り挙げる．同社は大規模災害発生時，被災地の住民の安全確保および社会・生活基盤の保全を図ることを社会的使命として BCP を策

定している．被災時の活動等を迅速に行うために，従業員各自が役割を認識し自律的な行動をとることが不可欠であり，状況に即して臨機応変に対応できる組織体制を整備するために，BCPの方針として以下を定めている．

・従業員とその家族の安否確認，安全確保を最優先する．
・社会・地域に貢献するという意識を全社で共有する．
・被災した施設や作業所，当社利用施設等の保全を図る．
・保全活動に携わる従業員が自律的に行動することができるしくみを構築する．

次に，災害の特定と被害想定として，中央防災会議の首都直下地震対策専門調査会に基づき，東京湾北部地震を災害リスクの対象とし，同調査会によるマクロな被害想定を前提として被害想定を行っている．同社では，首都直下地震が発生した場合に円滑な活動が行える体制を整備することが重要と考え，事前対策の重視，対策拠点の整備，日常の教育・訓練の3項目にBCPの視点を置き，これに沿ってBCPを一つの体系にまとめている．

事前対策の重視では，被災時に事業を早期復旧・継続し，社会的使命を果たすために，震災の事前対策を特に重視している．日常から同社の被害を軽減させるための各種対策（施設の耐震化など）を実施し，また，顧客のBCPに関する取り組みを把握し，耐震化の促進や顧客独自で行える施設の応急処置の事前提案等，事前対策を組織的に推進している．あわせて，同社の建物被害予測シミュレーションシステムを活用して被害を想定し，顧客のBCP策定を支援している．

対策拠点の整備では，被災時に首都圏の交通網や通信機能が麻痺した場合を想定し，従業員が徒歩や自転車等で移動することが可能となるよう，首都圏に細かく拠点を設置している．拠点は非常時の情報通信設備や備蓄品等を備え，各地域の復旧活動の核として機能する．就業時間外に被災する確率が高いため，近隣居住者から各種対策要員を拠点ごとに確保する．

日常の教育・訓練では，被災時に震災対策要綱に即して，各従業員が役割に応じた活動を自律的に遂行し，また組織として円滑な活動を実行できるよう，日常の教育活動を継続的に実施している．特に，初動時の迅速な対応が同社の事業継続の重要な鍵を握ると考えられるため，対策要員を中心とした訓練を定期的に行っている．

6.6 国・地方自治体の業務継続計画

6.6.1 国・地方自治体の取り組み

2005年8月1日に内閣府防災担当から事業継続ガイドラインが公表されてから，国や地方自治体においても業務継続計画（国や地方自治体ではBCPを業務継続計画と呼ぶ）への取り組みが見られる．まず，2005年9月の中央防災会議「首都直下型地震対策大綱」において，首都中枢機関が発災時の機能継続性を確保するための計画として，業務継続計画を策定することとなった．これを受けて，2007年6月に内閣府防災担当より中央省庁における業務継続ガイドラインが公表され，同時に，国土交通省が中央省庁として初めて国土交通省のBCPを策定した[12]．また，2008年3月には都道府県として初めてBCP策定を徳島県が行った[13]．ここでは，国土交通省と徳島県のBCPの概要を述べる．

6.6.2 国土交通省の業務継続計画

まず，国土交通省の BCP 方針は，「国土の総合的かつ体系的な利用，開発及び保全，そのための社会資本の整合的な整備，交通政策の推進」を図ることを任務としていることから，次のように定められている[12]．

- 被災地・被災者を対象とした応急対策活動に万全を尽くす．
- 国民の生命安全，財産保全等の国民生活や民間の経済活動が中断する事態をできるだけ避け，その早期回復に努める．
- 国土交通省の職員（庁舎内の来客者を含む）の安全を確保する．
- 国土交通省の業務継続性の確保のため，必要な人員を整備し，業務資源を配分する．

次に，想定被害と業務への影響であるが，想定した災害は首都直下地震の東京湾北部地震であり，直接影響のある被害と業務継続への影響を表－6.6.1のように考えている．

表－6.6.1 被害想定と業務継続への影響[12]

被害想定	業務継続への影響
鉄道は3日間途絶 以降30日で徐々に回復	勤務時間内発災：全職員や来訪者に対しての食料備蓄が必要 勤務時間外発災：発災直後の参集は徒歩のみ
庁舎周辺では震度6強	耐震化済みであり，大きな影響無し
一般電話は輻輳時の通信規制 携帯メールは遅延あり	災害時優先電話，専用の情報通信ネットワーク，携帯メールのみ
電気2日、水道3日の停止	非常用発電，貯水タンクの利用

次に，国土交通省は想定災害の発生後，業務停止による社会への影響度を評価する業務影響分析を行い，継続すべき優先業務を抽出している．業務影響分析として具体的には，業務が停止した場合に，社会にどのような影響を与えるかを発災後の経過時間（1・3・12 時間，1・3 日，1・2・3 週間，1ヵ月）ごとにレベルⅠ～Ⅴで評価している．この結果，1ヵ月以内にレベルⅢ以上の影響となる業務を継続すべき優先業務としている．ちなみに，レベルⅢとは，影響度が中度で，国民生活上の不便，法定手続きの遅延，契約履行の遅延などの社会的影響が発生するレベルとしている．

また，職員の居住地データ等をもとに発災後の参集可能人数を課室単位で算出し，発災後3日間は，本省から20km圏内の居住者が徒歩で参集し，それ以外の者は本人・家族の安全確保，周辺の救出・救助活動に従事するとしている．

6.6.3 徳島県の業務継続計画

徳島県の BCP は，県民の生命・身体・財産を守り，県民生活への影響を最小限に留めるための体制を確保することを目的に，以下のように定められている[13]．

- 県は，危機事象発生時においては，県民の生命・身体・財産を保護し，被害を最小限にとどめることが第一の責務であることから，災害対応を中心とした，非常時優先業務を最優先に実施する．
- 非常時優先業務に必要となる人員や資機材等の資源の確保・配分は，全庁横断的に調整する．
- 非常時優先業務の実施に必要となる人員や資機材を確保するため，非常時優先業務以外の

通常業務については，積極的に休止・抑制する．その後，非常時優先業務に影響を与えない範囲で，順次再開を目指す．

　国土交通省などその中枢機関（本社・本庁，情報システムセンター等の重要施設）が東京にある組織では，業務継続に甚大な影響が生じるのは中枢機能がマヒした時であることから，最大の被害想定として，首都直下地震が発生した時としている．これに対し，徳島県などの地方自治体や地方都市を拠点とする中小企業の中枢機能は各地方都市に点在し，想定する被害も異なってくる．徳島県においては，県が作成した「徳島県地震動被害想定調査」（2005年3月）および「徳島県津波浸水予測調査」（2004年3月）で想定されている南海地震を危機事象としている．これによれば最悪の場合，約4,300人が死亡し，県内の建物の約11%にあたる約49,700棟が全壊するとしている．

　徳島県は，南海地震発生時の約1ヵ月以内の優先業務として，南海地震に直接対応するための応急業務と継続の必要性の高い通常業務の2つを考えている．応急業務としては，災害対策本部の運営があり，その他各部の相談窓口における応急業務が実施される．また，初動体制の確保として，以下の方針を立てている[13]．

・10分以内を目途に情報連絡体制を確保．
・30分以内を目途として，災害対策本部の初動体制を確保．
・1時間以内を限度として，第1回本部会議を開催．

通常業務に関しては，県民の生活や被災生活に密接に関わる業務や，県庁の基幹的な組織機能やオフィス機能を維持するための業務を行うものとしている．

6.7 事業継続計画の現状と課題

6.7.1 大手企業の普及率

　民間のシンクタンクが，大手企業1,865社（うち回収数243社）を対象として「事業継続計画とITシステムの防災に関するアンケート調査」を実施している．その結果[14]から，大手企業のBCP普及状況を見ていく．調査対象企業は，東京証券取引所一部上場企業全社と従業員数1,000人以上の企業である．調査は2005年に実施され，回収率は13.2%である．

　調査結果によると，策定済みの企業は全体の24.7%と低く，BCPが広く普及しているとは言い難い．業種別にみると，金融・保険業では約62%と高い策定状況にあるが，最も低い建設業では約11%，多くの業種で20%前後と，業種間でBCP策定率に大きな差がある状況である．

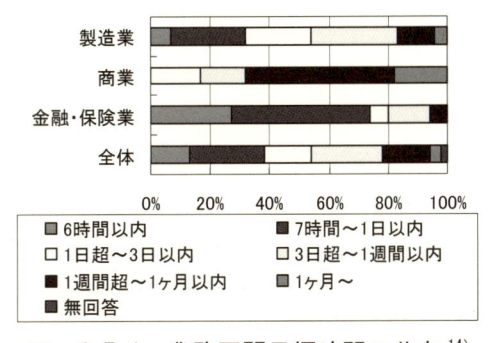

図−6.7.1　業務再開目標時間の分布[14]

業務再開目標時間の策定に関しては，BCP策定済みであるにもかかわらず，70%の企業において目標復旧時間を設定していないという，BCPの実効性に疑問の残る結果であった．業務再開目標時間を設定している企業に関しては，図-6.7.1に見られるように，金融・保険業の一部で6時間以内に設定している企業がある一方で，商業では1週間以上が70%に近いなど，業種による差が大きい．業務再開目標時間を設定し

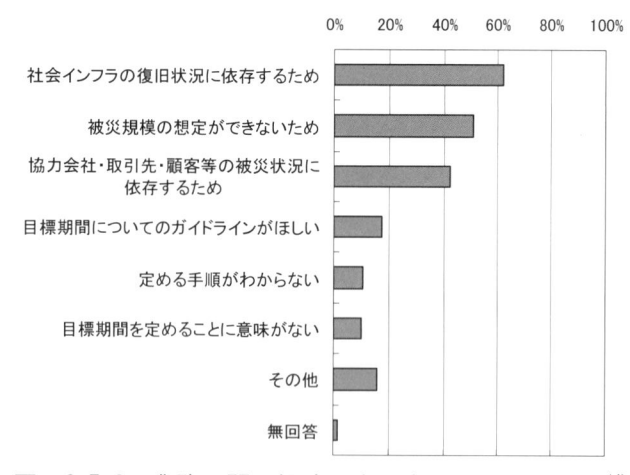

図-6.7.2 業務再開目標時間を設定していない理由[14]

ない理由としては，図-6.7.2に見られるように，「社会インフラの復旧状況に依存するため」が最も多く，社会インフラおよび公共機関の事業継続計画策定内容の情報公開を進めることも必要である．

6.7.2 中小企業の普及率

中小企業におけるBCPの普及率に関しては徳島大学が実施した企業防災に関するアンケート調査結果がある[15]．調査は2006年に実施され，調査対象企業は，徳島県の商工団体に加盟する企業500社である．結果の詳細は文献に譲るが，上記の大手企業に比べ非常に低い策定状況である．BCPを運用している企業は全5社で，その内訳は金融業2社，その他運輸業，建設業，情報通信業が各1社という結果である．BCPを策定している企業は，中小企業の中でも従業員数が多く規模の大きい企業であり，中小企業でBCPを策定することは困難であることがうかがえる．

十分な防災対策を行えない理由として，人的余裕がないと挙げる企業が多く，その他にも経済的な面や知識・情報といったノウハウの面で問題を抱えている．また，多くの企業がBCP策定の必要性を感じており，前向きにBCP策定を検討している企業もあるので，今後は，BCPの重要性を知らせるとともに，中小企業向けのBCP策定セミナーや情報開示，さらには技術提供といった試みを官民一体となって行うことが必要であろう．

6.8 おわりに

企業の防災対策は，従業員・顧客の安全確保，事業所の財産の保全，事業の早期再開，近隣地域への災害支援という大きな柱を基に企業の特色にあわせて行う必要があり，どの柱に重点を置くかは企業によって異なっている．また，公共性の高いインフラ系企業では，企業の利益・財産を守ることよりも，災害時の事業継続の可能性が重要視されている．その結果，利益・財産が保全され，また顧客の信頼獲得にもつながると考えられる．

本章で述べた企業は，指定公共機関として災害時にも大きな社会的責任を担っており，社員一人ひとりがその使命を認識しなければならない．そのために，早くは阪神・淡路大震災以前から事業の継続を念頭に置いた防災対策がなされてきた．つまり，インフラ系企業の防災対策は，事業継続計画の理念を取り入れている点において従来の防災対策とは一線を画すものであり，今後，多くの企業が目指すべき防災対策であるといえる．

　国や地方自治体においても事業継続ガイドラインが公表されてから，業務継続計画として計画策定を行うこととなりその動きが加速されている．

　現在，大企業では防災計画や事業継続計画の策定をはじめ，防災教育・訓練の充実もみられるが，従業員の少ない中小企業においては，未だ防災に対する意識が高いとはいえない状況にある．しかし，長期的なリスクを考えれば，災害時の対策は企業の存亡にかかわる重要な項目であることは明白である．特に自然災害に対する防災対策は，自然災害という不確定要素に対する対策であるため，被災した経験のない企業では，対策への取り組みが遅れがちになるが，防災対策の意味と重要性を認識し，過去の被災事例や今回紹介したインフラ系企業から学んで，実践できそうなところは積極的に実践し，企業としての防災能力を高めていく必要がある．

参考文献

1) 竹内吉平：企業の震災危機対応（上），事業所の震災応急対策，近代消防社，2001
2) 内閣府 防災担当：企業防災のページ，事業継続ガイドライン 第1版，2005.8
　　　http://www.udri.net/portal/kigyoubousai/kigyoubousai.htm
3) 昆 正和：実践BCP策定マニュアル，九天社，2008.4
4) 竹内吉平：企業の震災危機対応（下），先進企業の震災対応（実例），近代消防社，2001
5) 東京ガスHP：取り組み・活動，安全と防災，http://www.tokyo-gas.co.jp/safety/index.html
6) 京王電鉄HP：鉄道事業の取り組み，安全対策，自然災害対策
　　　http://www.keio.co.jp/group/traffic/security_feature/natural_calamity/index.html
7) 東京都水道局HP：東京都水道局震災対策事業計画
　　　http://www.waterworks.metro.tokyo.jp/customer/life/s_keikaku.html
8) 東京都水道局HP：東京都水道局震災応急対策計画
　　　http://www.waterworks.metro.tokyo.jp/press/h18/press060825.html
9) 東京都HP：都政のBCP（東京都事業継続計画）＜地震編＞の概要
　　　http://www.metro.tokyo.jp/INET/KEIKAKU/2008/11/70ibl101.htm
10) （社）日本建設業団体連合会：建設BCPガイドライン，2006.8
11) 清水建設株式会社HP：事業継続計画，http://www.shimz.co.jp/csr/bcp/index.html
12) 国土交通省：国土交通省業務継続計画，2007.6，http://www.mlit.go.jp/kisha/kisha07/05/050621_html
13) 徳島県：徳島県業務継続計画，2008.3
　　　http://www1.pref.tokushima.jp/001/01/kikikanri/BCP/index.html
14) （株）三菱総合研究所：事業継続計画（BCP）とIT防災に関するアンケート調査結果，プレスリリース，2005.8，HP：http://www.mri.co.jp/PRESS/2005/pr050801_spd02.pdf
15) 中野晋，高崎華名，黒崎ひろみ，岡部健士：徳島県における企業防災の現状と課題，土木学会地震工学論文集，pp.748~755，2007.8

7章　中山間地に発生する孤立集落と防災対策

7.1　はじめに

　2004年に発生した新潟県中越地震では，震源が約13kmと浅い内陸直下地震であったことから，強い揺れに伴い，主に脆弱な地質構造の山間部において土砂災害が多発した．それに伴う中山間地に散在した集落に至る交通網の寸断，情報通信網の途絶により，新潟県山古志村（現長岡市）などの山間地で孤立集落が発生した．このような大規模地震における孤立集落は，周辺との物理的なアクセスが寸断されているため，集落全体の救出・救助・救援・復旧活動に支障が生じる．また最近では，2008年6月に発生した岩手・宮城内陸地震においても孤立集落が発生し，中山間地域における孤立集落対策の重要性の認識はますます高まっている．本章では，大規模地震時に中山間地に発生した孤立集落の調査を行い，中山間地における孤立集落対策が認識されるようになった新潟県中越地震における孤立集落の発生状況や課題，新潟県中越地震以後の行政庁の孤立集落対策などについて述べる．

7.2　孤立集落とは

7.2.1　孤立集落の定義

　「中山間地等の集落散在地域における地震防災対策に関する検討会」[1]によれば，中山間地域，沿岸地域，島嶼部などの集落のうち，道路交通または海上交通による外部からのアクセス（四輪自動車で通行可能かどうかが目安）が以下の要因等により，人の移動・物資の流通が困難となり，住民生活が困難もしくは不可能となる状態を孤立と定義している．

・地震，風水害に伴う土砂災害や液状化等による道路構造物の損傷，道路への土砂堆積
・地震動に伴う液状化による道路構造物の損傷
・地震または津波による船舶の停泊施設の被災
・津波による浸水，道路構造物の損傷，流出物の堆積

ここでは，以上の孤立の条件を満たした集落を孤立集落と定義する．

7.2.2　中山間地等における集落の孤立可能性

　孤立可能性のある集落を，すべてのアクセス道路が土砂災害危険箇所（土石流危険渓流，急傾斜地崩壊危険場所，地すべり危険箇所）及び山地災害危険地区に隣接している集落と定義すると，都道府県別の孤立可能性のある集落数は，調査対象とした全国の58,633の中山間地域の集落（一次抽出）のうち，約3割の17,451の集落に達する[1]．ここで，一次抽出は，集落の地勢が平野で，集落の形態が密居以外となる中山間地等の農業集落に対してなされた．これを世帯数，人口に換算すると，約80万世帯，約260万人となり，日本の総人口の約2%が孤立する可能性のある地域に居住していることがわかる．また，都道府県によって孤立可能性のあ

る集落の数は大きく異なり，長野県（1,321集落），大分県（同950），広島県（同920）といったように，当該集落の絶対数の多い県において，孤立可能性のある集落の数（括弧内の数値）が多い．ただし，高知県（同830）のように，当該集落の絶対数は少ないが孤立可能性のある集落の比率が高い県もある．

7.3 新潟県中越地震における孤立集落

7.3.1 孤立集落の発生状況

写真－7.3.1 自然斜面の崩壊[1]

写真－7.3.2 土構造物の崩落[1]

新潟県中越地震は，震源域が内陸山間部であったことから，山間地での自然斜面の被害（写真－7.3.1），盛土等の土構造物の被害（写真－7.3.2）が多発し，これらによって道路が多数の箇所で寸断されたため，集落に至る道路交通網がすべて遮断され，孤立する集落が多数発生した．表－7.3.1に新潟県中越地震における各市町村の孤立集落数を示す．新潟県中越地震では，同表に示す7市町村（地震当時）の61の集落が孤立することとなった．特に山古志村においては，すべての集落が孤立集落となり，村全体が孤立することとなった．また，孤立集落の発生したこれら7市町村は全て，震度6弱以上の地域であった．

表－7.3.1 孤立集落の数[1]

市町村名	孤立集落数
長岡市	4
小千谷市	28
十日町市	9
山古志村	14
川口町	3
小国町	1
栃尾市	2
計	61

（注）市町村名は地震当時のものを使用

7.3.2 孤立集落の特性

新潟県中越地震における孤立集落の地勢・形態・住人の年齢階級を，全国，新潟県，及び新潟県中越地震において集落が孤立した市町村のデータと比較した結果を以下に述べる[1]．

(1) 孤立集落の地勢

前述の4地域の集落の地勢を見ると．全国における山間の割合は21.5％，新潟県中越地震において孤立集落が発生した市町村でも27.4％であるが，新潟県中越地震において孤立した集落は95.3％が山間であり，孤立集落は山間において発生しやすいことがわかる．また，その他の中山間地である盆地，高原，裾野，峡谷においても道路施設等の被災により孤立集落

が発生する可能性は勿論ある．

(2) 孤立集落の形態

前述の 4 地域の集落の形態を見ると．新潟県中越地震における孤立集落は，ほとんど集居集落において発生している．孤立集落における集居集落は 98.4% であり，全国平均の 54.6% と比べて極めて高率である．散在集落，散居集落や密居集落では孤立集落は発生しなかった．

ここに各集落形態の定義は以下の通りである[1]．

散在集落：主に山場の農業集落に見られる形態で，家がいくつかの谷あいに分かれ，家と家とがばらばらに分布している状態の農業集落．

散居集落：主に平場の農業集落に見られる形態で家と家との間に広く田畑が入っている状態の農業集落．

集居集落：平場，山場を問わず家が一定の区域に集まって敷地が隣接し，居住地区と耕地が分離されている状態の農業集落．

密居集落：主に市街地区域の見られる形態で，農家と農家の間に非農家が混在して家と家が密集し，市街地の連続している状態の農業集落．

(3) 孤立集落の住民の年齢階級

前述の 4 地域の集落の住民の年齢階級を見ると．新潟県中越地震における孤立集落では，65 歳以上の高齢者の割合が，全国平均の 17.4% と比較して，1.89 倍の 32.8% となっていた．

7.3.3 孤立集落発生の具体事例

新潟県中越地震における孤立集落の具体事例として，新潟県小千谷市塩谷集落を挙げる．

(1) 小千谷市塩谷集落

小千谷市は新潟県中越地方にある市の一つであり，新潟県中越地震において最大震度 6 強が観測され，山間地が多い地域であることから 28 の孤立集落が発生し，大規模な被害が生じた地域である．塩谷集落は小千谷市の東部に位置し，標高が 300m 程度の山間部の集落である．

(2) 地震発生直後の塩谷集落の状況

地震発生直後の塩谷地区周辺では多数の道路寸断箇所が発生し，塩谷集落への交通アクセスは寸断された．また，地震発生にともない，固定電話・携帯電話ともに不通となり，塩谷集落は，道路交通，情報通信ともに，孤立状態となった．

(3) 塩谷集落からの救援要請の経緯

10 月 23 日 17 時 56 分の地震発生にともない，塩谷集落内で住宅等が崩れ落ち，住民が下敷きとなる事態が発生した．このため，集落外部に早急に救援を要請する必要が生じたが，地震発生後は固定電話・携帯電話は不通となっており，塩谷集落には衛星電話はなかったため，集落外部への連絡が不可能であった．

このため，23 日 20 時頃，集落の住民 2 人が救援を求めるために，徒歩で小千谷市消防本部に向かった．同日 22 時 30 分頃に消防本部に到着して救援を要請し，自衛隊派遣の約束を得たが，集落周辺の道路寸断のため車両による大人数の移動は不可能であり，また，夜であったためにヘリコプターの利用も不可能であった．24 日 0 時 30 分頃，住民 2 人が塩谷集落へ戻ると，

集落に残っていた住民がジャッキ等を用いて崩れ落ちた住宅の下敷きとなった全員を救出していたが，小学生3人が死亡するという結果となった．

その後，24日2時30分頃，自衛隊員が2台のバイクで到着し，24日6時頃には自衛隊のヘリコプターが飛来し，自衛隊徒歩部隊40人が到着したが，下敷きとなった住人の救出には間に合わなかった．

7.4 孤立集落特有の課題
7.4.1 被災事例より判明した孤立集落特有の課題

新潟県中越地震では，61の孤立集落が発生し，それに伴い，情報通信，震災救助，避難生活などの点において，孤立集落特有の課題が確認された．

(1) 初動期における孤立集落と外部との通信手段の確保

地震発生時に，迅速に集落の情報を外部に伝達することは大変重要なことであり，そのためには，情報伝達手段の確保は必要不可欠である．通常の通信手段としては，固定電話と携帯電話が考えられる．一般的に，固定電話は中継伝送路の多ルート化により通信ネットワークの強化が図られており，携帯電話も基地局設備の耐震対策や非常用電源による停電対策が行われている．このため，新潟県中越地震においては，固定電話・携帯電話ともに，多くの市町村において使用可能であった．

しかし，同地震において孤立集落が発生した7市町村のうち，小国町，山古志村，小千谷市東山地区（塩谷集落は東山地区に属する）では，固定電話は多ルート化されていた中継伝送路がいずれも断線したことから不通となった．また，携帯電話は中継伝送路の断線，基地局の被災，道路の遮断により移動電源車が到達できなかったことによる基地局の停電後のバッテリーの枯渇等の理由により，停波となった市町村もあった．このため，一部地域では固定電話・携帯電話ともに使用不可能となり，通常の通信手段では集落の情報を外部に発信できない状態に陥った．

したがって，道路交通網の寸断のために四輪自動車等を利用できない孤立集落では，徒歩やオフロードバイクを用いて直接情報を伝達する必要性が生じた．また，土砂災害の規模が大きく，徒歩やバイクによる移動も不可能となった孤立集落では，集落からの能動的な情報伝達は不可能となり，地面に文字を書き，ヘリコプターに救助を求めるといった受動的な情報伝達に頼ることとなった．

固定電話・携帯電話は，施設・設備等に障害がなかった市町村においても，輻輳により，地震後約6時間はつながりにくい状況が発生した．そのため，地域によっては情報の伝達に遅れが生じた．特殊な通信手段としては，衛星携帯電話・無線等が考えられるが，これらの通信手段を使用することができる中山間地集落はきわめてまれである．

(2) 孤立集落の救助・避難・物資供給等の対応

地震発生直後の被災者の救助・避難，孤立集落への物資供給といった救援活動は迅速に行われる必要がある．しかし孤立集落では，土砂災害によって道路交通アクセスが寸断されており，四輪自動車等を使用することは不可能である．その場合には，孤立集落への救援活動にはヘリ

コプターを使用する必要がある．新潟県中越地震においては，徒歩等による自主避難が行われた一方で，孤立した61の集落のうち25の集落において避難等のためにヘリコプターが使用された．だがヘリコプターの運用には，集落内にヘリポート適地，もしくはそれに準ずる空き地や橋梁が必要であり，また夜間の運用には，ヘリコプターに暗視装置を装備し，離着陸点に投光機の配備が必要といった制約もある．新潟県中越地震は夕刻に発生したため，初動の救助・避難活動は夜になってしまい，塩谷集落のように，ヘリコプターの活用による迅速な救助・避難ができない例も発生した．

(3) 孤立集落における被災者の避難生活の対応

前述のように，孤立集落における65歳以上の高齢者の人口の割合は32.8%と，全国平均より高く，必然的に孤立集落からの避難者は高齢者が多い．そのため，慢性疾患を抱える避難者や介護が必要な避難者も多く，避難生活が長期化することによるストレスの発生等で健康を損なう事例も多く発生した．

7.4.2 孤立集落対策の現状

全国に，孤立可能性のある集落は約17,451存在している．これらの集落における対策の現状を示す[1]．

(1) 集落内に存在する避難施設

孤立可能性のある集落内に避難施設があるか，ある場合の避難施設の収容人数を見ると，約20%にあたる3,621の集落には避難施設が存在せず，100人未満の収容人数の施設を有する集落は10,571と全集落数の61%を占め，その規模にも不安が残る．

避難施設の耐震性を見ると，これら既存の避難施設のうち，十分な耐震性を有している施設（耐震改修済み，あるいは，1981年の新耐震設計基準以降の建築物）は15%程度であり，多くの避難施設は大地震において倒壊する可能性を有している．

停電時において活用される非常電源については，設置している避難施設は1.7%程度であり，地震に伴い停電が発生した場合には，電気が使用できない避難施設となる．

集落に存在する現状の避難施設の多くは，大地震発生時において，避難施設として利用できない恐れがある．

(2) 集落における物品の備蓄状況

孤立可能性のある集落における物品の備蓄状況を見ると，飲料水4.1%・食料6.2%，医薬品11.3%，毛布12.5%，投光機12.1%，テント15.5%，防水シート11.7%となっている（いずれも集落総数に対する備蓄集落の割合）．

現状において孤立集落が発生した場合には，ほとんどの集落において物品が不足することが予想され，備蓄状況を改善する必要がある．

(3) 集落における特殊な情報通信手段の設置状況

孤立可能性のある集落における特殊な情報通信手段の設置状況を見ると，衛星携帯電話1.5%，孤立防災用無線電話2.2%，簡易無線機2.3%，消防団無線24.9%，その他の手段（防災行政無線，アマチュア無線等）12.8%となっており，半数以上の集落においては，固定電話・

携帯電話以外の情報通信手段を持っていないと考えられる．

　地震時に孤立集落になり，かつ，固定電話・携帯電話が不通となった場合，情報通信上も孤立することとなる．

7.5　新潟県中越地震以後の国・自治体の孤立集落対策
7.5.1　集落散在地域における地震防災対策検討会

　中山間地等の集落散在地域における地震防災対策に関する検討会は，新潟県中越地震において，特に中山間地にて大きな被害が発生したことを受け，2005年3月に内閣府に発足した検討会である．検討会では孤立集落に係わる議題を中心に，必要な地震防災対策に関する審議を行い，2005年8月に中山間地の集落散在地域において実施すべき地震防災対策を以下のように提案している[1]．

(1)　孤立集落と外部との通信の確保

　直ちに実施すべき事項として，地震発生を前提とした通信設備の運用と通信障害時のバックアップ体制の構築，集落と市町村間の通信確保と孤立集落への情報発信．今後進めるべき事項として，市町村防災行政無線の充実化・可搬型通信機器の導入，防災関連施設の耐震補強，様々な被災地情報収集手段の実用化と収集した情報の集約及び共有システムの構築．

(2)　孤立集落への救助活動，物資供給

　直ちに実施すべき事項として，孤立集落の被災状況や住民ニーズの適切な把握，ヘリコプターの有効活用．今後進めるべき事項として，ヘリポートの整備，バイク等の確保．

　また，中山間地等の地震防災対策，特に孤立集落対策について，情報通信手段の確保，救助・救援体制，自立のための備蓄に関する具体的な対策を地域防災計画において明記し，推進していくことが必要であるとしている．

7.5.2　山間部防災対策行動計画

　東京都は2007年に山間部防災対策行動計画[2]を策定した．東京都は，中山間地等の集落散在地域における地震防災対策に関する検討会の提言を受け，地域防災計画に孤立集落を盛り込んだが，山間部の孤立対策を充実させるために，地域防災計画を補完する形でこの計画を策定しており，災害発生前と災害時における都と各市町村の役割を明示している．新潟県中越地震において，中山間地に61の集落孤立が発生したが，東京都においても，孤立可能性があると考えられる中山間地の集落は6市町村77集落あり，約19,000人が住んでいるという．このため，東京都においても孤立集落対策を行う必要があり，都と各市町村の役割を示しつつ，孤立集落対策の一環として山間部防災対策行動計画を策定した．

　行動計画では事前対策と災害時の応急対策について，表-7.5.1のように都と各市町村の役割を明示している．

**表－7.5.1　行動計画における事前対策・応急対策（上表）と
都・市町村の役割分担（下表）[2]**

（a）事前対策	（b）災害時の応急対策
①情報の収集・伝達体制の整備 ②避難所の確保 ③救命・救助活動体制の整備 ④飲料水・食料等の確保 ⑤ヘリコプター緊急離着陸場の確保	①土砂災害警戒情報の提供 ②避難所の設置・運営 ③救命・救助活動 ④飲料水・食料等の供給 ⑤ヘリコプターの活用

	都の役割	市町村の役割
a－①	・孤立地区等の情報を明示した「山間部防災対策地図(GIS)」を整備	・災害時の停電に備え，防災行政無線の非常用電源を確保
a－②	―	・孤立地区ごとに避難所を確保し，避難所の耐震化・不燃化等を推進
a－③	・医療救護を要請された場合，医療スタッフの派遣など支援体制整備	・救命・救助活動に要する資器材を充実
a－④	・備蓄の不足している避難所等への迅速な配送体制を整備	・孤立地区の避難所に飲料水・食料等を備蓄
a－⑤	・ヘリの緊急離着陸場の情報をGISに記載し関係機関で共有	・ヘリ活用の離着陸地点，ホイスト地点を事前選定
b－①	・「土砂災害警戒情報」を災害情報システム，一斉FAXにより市町村に提供（含気象庁）	・「土砂災害警戒情報」により避難勧告等を判断
b－②	・住民の孤立地区外への避難を要請された場合，舟艇やヘリで搬送	・自主防災組織，消防団が住民の避難誘導，避難所の運営を実施
b－③	・消防救助機動部隊（ハイパーレスキュー）による迅速な救助を実施 ・医療スタッフの派遣，医療資器材の搬送	・市町村で対応できない場合，都に支援を要請
b－④	・市町村の要請により，ヘリコプターを含めた物資搬送を実施	・自主防災組織等による備蓄品の避難者への配布
b－⑤	・自衛隊等のヘリコプターを活用し，避難，救出・救助，物資搬送等を実施	・ヘリ活用の離着陸地点，ホイスト地点の状況を確認し，都に連絡

7.6 おわりに

新潟県中越地震において中山間地における地震防災対策の必要性が認識され，特に孤立集落対策が注目された．現在，多くの都道府県の地域防災計画において孤立集落対策に関する記述が見られるが，東京都のような都道府県独自の計画を策定している地域は多くはない．我が国の地理特性として中山間地域は多く，公共事業の減少の折，孤立集落の発生を根絶することは現実的ではなく，各都道府県は孤立集落の発生を前提とした防災計画を策定する必要がある．

参考文献

1) 内閣府HP：中山間地等の集落散在地域における地震防災対策に関する検討会
　　　http://www.bousai.go.jp/jishin/chubou/taisaku_sonota/syuraku-kentoukai.html
2) 東京都：山間部防災対策行動計画
　　　http://www.bousai.metro.tokyo.jp/japanese/knowledge/material_y.html
3) 国土交通省：平成17年度国土交通白書．http://www.mlit.go.jp/hakusyo/mlit/h17/index.html

8章　緊急地震速報

8.1　はじめに

　2006年8月1日より緊急地震速報が開始され，地震発生前における対応の仕方が重要視されるようになった．緊急地震速報は地震動のP波とS波の伝播速度の違いを利用して，主要動が到達する前に，揺れの強さと範囲を知らせる情報である．この緊急地震速報は地震国である日本唯一の地震予報システムであり，画期的な地震対策と言える．この緊急地震速報を有効に使い，皆が適切な判断を行えば，地震被害を大幅に食い止めることができよう．しかし，伝達システム・内容等が不十分であったり，情報を誤って解釈してしまうとその有効性が疑問となる．
　本章では緊急地震速報の利用について考察すると共に問題点を考察し，改善に関しての提案を行う．

8.2　緊急地震速報

8.2.1　緊急地震速報とは

　緊急地震速報[1]とは地震発生直後に，震源に近い地震計で観測されたデータを解析して，震源や地震の規模を直ちに推定し，これに基づいて各地での主要動の到達時間や震度を予測し，可能な限り早く知らせる地震動の予報及び警報である．具体的な仕組みは以下のようである．
　地震発生時にはP波と呼ばれる縦波と，S波と呼ばれる横波が同時に発生する．P波は比較的小さな揺れ（初期微動）であり，S波は大きな揺れ（主要動）を起こす．一般にP波とS波の伝播速度は異なっており，P波で毎秒約7km，S波で毎秒約4kmといわれている．緊急地震速報はこの伝播速度の違いに着目している．このシステムに利用できる地震計は全国1,000ヵ所に設置されており，震源に近い1つの観測点で地震波を捉えた直後から，震源やマグニチュード，震度の推定を開始する．そして，マグニチュード・最大震度の値が予め設定した基準を超えた時に，緊急地震速報の第1報を発表する．その後，時間の経過とともに2ヵ所目，3ヵ所目と地震波を捉えた地震観測点の数が増え，利用できるデータが増加するので，その都度計算を繰り返し精度の向上を図る．従って，発表の迅速性を確保しつつ，時間とともに精度を上げながら原則，複数回発表される情報となる．

8.2.2　緊急地震速報の発表条件と内容

（1）高度利用者向け緊急地震速報

　不特定多数の人が集まる施設や病院施設，ライフラインとして重要な上下水道施設や電力系統施設などは，緊急地震速報を有効に活用すれば被害を抑えることができると考えられている．高度利用者向け緊急地震速報とはこのような施設に対し，比較的早い段階で情報を発信するものである．高度利用者向け緊急地震速報の発表条件・内容を表－8.2.1に示す．

表-8.2.1 高度利用者向け緊急地震速報発表条件・発表内容[1]

発表条件	・マグニチュード 3.5 以上または推定震度が 3 以上 ・観測点において P 波・S 波の振幅が 100 ガル以上
発表内容	・地震発生時刻,震源の推定値 ・地震の規模(マグニチュード)の推定値 ・推定最大震度,主要動到達予測時刻 ・震度 5 弱以上と予測される地域の予測震度(予測される最大震度が 4 以上) ・最大予測震度(予測される最大震度が 3 以下) ・主要動到達予測時刻(予測される最大震度が 4 以上)

(2) 一般向け緊急地震速報

　気象庁が定める一般向け緊急地震速報の発表条件・内容は,地震波が 2 点以上の地震観測点で観測され,最大震度が 5 弱以上と推定された場合である.発表内容は地震の発生時刻,震度の推定値,震央地名,最大震度 5 弱以上が予測される地域名及び震度 4 が予測される地域名としている.地震観測点を 2 点以上としたのは,落雷などの地震以外の現象を避け,情報の確実性を持たせるためである.具体的な予測震度や猶予時間は発表していない.これは,気象庁が発表する対象地域が都道府県を 3～4 つに分割する程度と大まかなので,その場所によって猶予時間や震度が異なるためである.震度 4 以上と予測された地域まで含めて発表するのは,震度を推定する際の誤差のため実際には 5 弱である可能性があることと,震源域の断層運動の進行によりしばらく後に 5 弱となる可能性があるという理由による.

8.2.3 緊急地震速報の問題点

　現在までの緊急地震速報の問題点として以下の諸点が挙げられる.
① 緊急地震速報の仕組みとして P 波と S 波の伝播速度の差を利用している.しかし,震源に近い地域では伝播時間の差が小さく,緊急地震速報が間に合わない可能性がある.
② 地震波を解析・推定して発信し,一般者が情報を受け取るまでにタイムロスがある.これには機械的な処理速度や伝達の仕組みの問題等が挙げられる.
③ 推定震度に誤差を生じる可能性がある.気象庁は「予測震度は±1 程度の誤差を伴う」としている.誤差を伴う原因として,表層地盤での増幅予測の限界等が挙げられる.

　以上の事項が現段階における問題点である.これらは機械の発展や地震計設置箇所の増加,情報伝達手段の進展等により改善が見込まれる.緊急地震速報伝達の可能性を持つメディアには放送系,携帯電話系,インターネット系など多様なメディアが存在し,情報が入手可能である.一般的には,遅延の可能性が低く,情報を利用者に強制的に伝達できるメディアが望ましい.各メディアはそれぞれ特徴を有しているので,伝達内容の工夫が必要である.

8.3 高度利用者向け緊急地震速報の使用例

　鹿島建設[2]では,気象庁から配信される緊急地震速報を本社の受信サーバで受け,配信先の

情報に加工した後に社内のイントラネットを通して，大きな揺れが来る前に地震情報を伝達する．さらに，独自に開発した技術を加えることで，気象庁の緊急地震速報による情報に高い信頼性を与えた情報として配信している．

具体的には，地震の到達直前に高所作業場所への警戒指示，現場内エレベータの停止，現場内社員携帯へメール配信を行うことで，現場内の安全性を確保するように緊急地震速報を活用している．この装置設置後に発生した 2005 年の茨城県沖地震では，大きな揺れまで約 15 秒の余裕時間が確認された．

病院では災害弱者や高齢者が多数集まり，外来者も頻繁に出入りしているために施設内での安全確保が重要となっている．国立病院機構災害医療センター[3]では，緊急地震速報を受信すると，エレベータ制御盤・自動ドア制御盤・放送設備に情報が送られ，それぞれの装置と連動するようにしている．

具体的にはエレベータ自動停止・開扉（閉じ込め防止），自動ドア開扉（閉じ込め防止），自動警報，院内放送をすることによって病院としての機能を保つように緊急地震速報を利用している．また，緊急地震速報受信時に即座に反応できるように，各部門ごとに緊急地震速報対応簡易マニュアルがあり，マニュアルの周知徹底・訓練等がなされている．

小田急電鉄[4]では，緊急地震速報が受信されると震度 5 弱以上の地震では即時に鉄道施設への被害の有無が予測される．被害が想定された場合には全線全列車の運転士と車掌へ自動的に無線によって緊急停止を通報し，運転士が手動で列車の停止操作を行う．

8.4 一般向け緊急地震速報の発表事例

8.4.1 これまでの発表事例

2007 年 10 月 1 日より気象庁は一般向け緊急地震速報を行っている．2008 年 7 月 31 日現在で，7 件の地震で計 8 回発表している．表－8.4.1 はその発表事例である．ここでは 2008 年 6 月 14 日に発生した岩手・宮城内陸地震と同年 7 月 8 日に起こった沖縄県本島近海地震について，緊急地震速報の有効性について検討する．

8.4.2 岩手・宮城内陸地震での発表

(1) 緊急地震速報発表内容・考察

岩手・宮城内陸地震（震央位置：岩手県内陸南部）について，ここで扱う速報発表時刻は 8

表－8.4.1 緊急地震速報発表例（速報値）[1]

震央位置	日付	地震波探知時刻	緊急地震速報発表時刻	マグニチュード	最大震度
沖縄県宮古島近海	2008/4/28	2時32分14.5秒	2時32分25.1秒	5.2	4
茨城県沖	2008/5/8	1時45分33.9秒	1時46分32.2秒	6.7	5弱
岩手県内陸南部	2008/6/14	8時43分50.7秒	8時43分55.2秒 / 8時44分13.1秒	7	6強
岩手県内陸南部	2008/6/14	9時20分16.7秒	9時20分25.1秒	5.6	5弱
岩手県内陸南部	2008/6/14	12時27分39.9秒	12時28分31.3秒	5	4
沖縄県本島近海	2008/7/8	16時42分21.3秒	16時42分35.2秒	6	5弱
岩手県沿岸北部	2008/7/24	0時26分35.2秒	0時26分56.0秒	6.8	6強

時43分55.2秒のものであり，M7，最大震度6強である．緊急地震速報を発表した地域及び主要動到達までの時間を図－8.4.1に示す．表－8.4.1を見ると，地震波探知から速報発表時刻まではわずか4.5秒と，比較的早い時間で発表している．

震源からある程度離れた地域では，猶予時間が約5秒～30秒と速報に関する有用性が得られている．しかし，震源に近い地域では緊急地震速報が間に合わない結果となっている．

したがって，内陸を震源（直下地震）とした場合は，震源近傍において緊急地震速報の有効性が薄れることが分かる．この問題を改善するには，技術的な面と地震計を増やすといった対策が考えられる．

図－8.4.1 発表した地域及び主要動到達までの時間[1]

(2) アンケート結果

岩手・宮城内陸地震に関して，東京都内の民間会社[5]が盛岡市・仙台市・福島市を対象としてアンケートを行った．アンケート対象概要を表－8.4.2に示す．主要動到達までの猶予時間は，仙台市約10秒，盛岡市約20秒，福島市約30秒となっている．

本震時（8時43分頃）に緊急地震速報を入手したかどうかについては，入手した39%、入手しなかった56%，覚えていない5%となっており，入手した人の割合は少ない．地震発生時刻が午前8時台ということにより，地震発生時に出勤・通学者が乗り物や建物外にいたため情報媒体が十分に作動せず，このような結果となったのではないかと思われる．

緊急地震速報の入手媒体結果をみると（複数回答可），テレビ約92%，ラジオ約15%，携帯8%の順になっている．これは，地震発生時にどこにいたかによる影響が大きいと考えられるが，テレビが大多数を占めているのは興味深い．携帯メールは低い結果となっているが，これは携帯メールで緊急地震速報サービスを受けるには，事前に登録しておく必要があるからであろう．

緊急地震速報を受けて緊迫感があったかどうかの結果(図－8.4.2)については，とても感じた人が仙台市・盛岡市38%，福島市32%となっており，主要動到達ま

表－8.4.2 アンケート対象概要[5]

対象地域	仙台市・盛岡市・福島市
対象年齢	対象地域に在住する男女20歳以上
調査方法	インターネットを利用したWEB調査
有効サンプル数	683（仙台246/盛岡222/福島215）

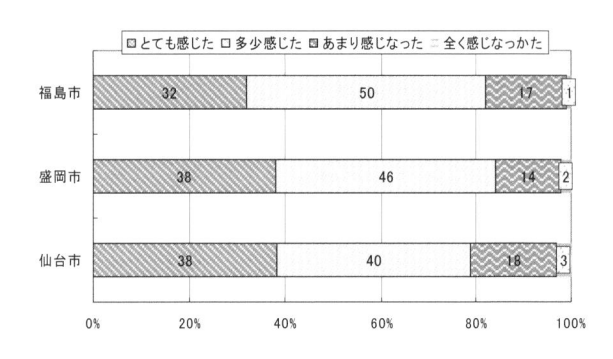

図－8.4.2 緊急地震速報の緊迫感（地区）[5]

での猶予時間が 10 秒〜20 秒であった仙台市・盛岡市は猶予時間が 30 秒であった福島市と比較すると，緊迫感をとても感じた人の割合が少し大きいことが分かる．また緊迫感を多少感じた人や，あまり感じなかった人の割合は，猶予時間が長かった福島市が最も多い結果となっている．このことから，猶予時間が長いほど焦りは緩和され，猶予時間が短いほど，心理的に危機感を覚えている．この心理的な危機感からパニックを起こし，次の行動ができないといった状況も考えられるであろう．緊急地震速報を入手してどのように感じたかについては，正しく緊急地震速報だと理解した人は 30％と少なく，地震が起こった後の速報と捉えた人が 51％と一番多い結果となった．緊急地震速報の認知度が低いためと思われる．

8.4.3 沖縄県本島近海地震での発表

沖縄県本島近海地震の内容は表−8.4.1 の通りであり，地震波探知から速報発表時刻まで約 14 秒と比較的時間を要している．図−8.4.3 から分かるように，震源に近い場所では速報が間に合っていない．同図と岩手・宮城内陸地震時である図−8.4.1 を比べると，主要動までの到達時間 0 秒を示す円の大きさが大きく異なっている．

図−8.4.4 は南西諸島における地震観測点を示しているが，点線で示す部分を見ると，島の部分や海洋には地震観測点が少ないことが分かる．このことが速報発表の遅延や主要動までの猶予時間が少ない地域の拡大につながったと思われる．

このような海洋プレート型地震が発生した時の速報遅延に対応するためには，さらなる海底地震計設置が必要である．気象庁は東海地震と東南海地震に備え，2008 年 7 月から静岡県・御前崎から三重県沖にかけ長さ約 220km の海底ケーブルを敷設し，ケーブルに地震計を約 40km 間隔で計 5 個設置する計画を進めている．観測点が陸上だけに限られている現状に比べ，最大 10 秒程度早く速報が出せる見込みという．

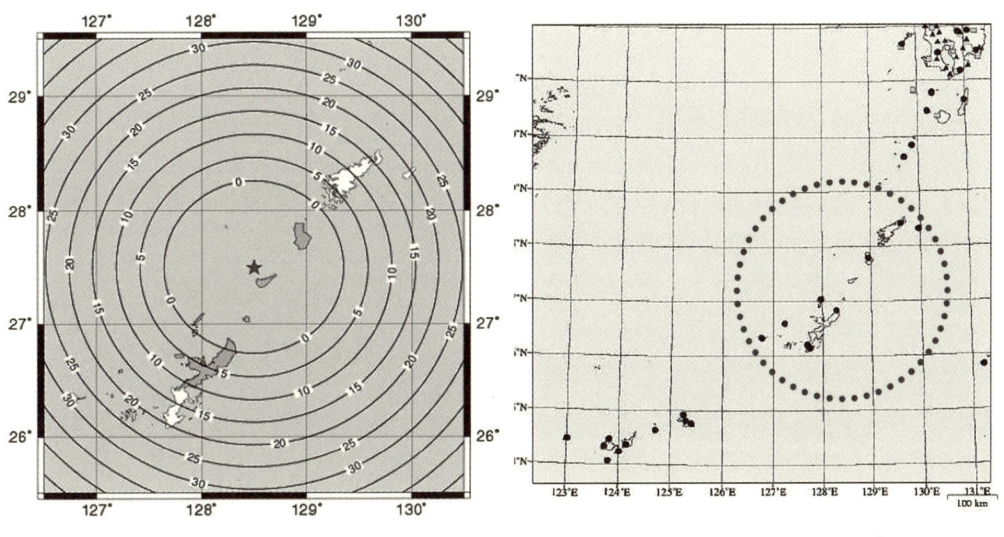

図−8.4.3　発表した地域及び主要動到達までの時間[1]

図−8.4.4　地震観測点[1]

8.5 一般向け緊急地震速報の表示に関する提案

8.5.1 問題点

これまでは緊急地震速報に関しその内容,具体例などを紹介した.その過程で下に示す,いくつかの問題点が明らかとなった.

① 震源に近い地域では,緊急地震速報が間に合わないことがある.
② 島や海洋には地震観測点が少なすぎる.
③ 携帯メールでは事前登録が必要である.
④ 岩手・宮城内陸地震のアンケート結果によれば,緊急地震速報の理解が十分に浸透していない.

8.5.2 表示に関する提案

上記の①,②は技術的な問題であり,現在これらの改良が期待されている.③については,認知していない人が多いと思われるので,広報活動を積極的に行い,利用者を増加させることが望ましい.ここでは④を中心に考察する.

8.4節で記した通り緊急地震速報を発表しても,正しく緊急地震速報だと理解した人は少なく,すでに発生した地震と思った人の方が多い結果となった.これは緊急地震速報に対しての正しい理解が薄いためと考えられる.また猶予時間が短いほど心理的には危機感を覚えるので,パニックを起こし,次の行動に移れない状況が生じることも考えられる.これらのことから,緊急地震速報を知らない人でも行動を起こしやすいような伝達手段と,提供の仕方を考えるべきである.

ここではテレビを媒体としての伝達方法を考える.現在,テレビにおける代表的な速報画面は図-8.5.1のようになっている(主画面は消去している).テロップ式の伝達方法であり,多くのテレビ局がこの形式である.しかし,震源の表示の有無や,強い揺れの表示を地方単位,都道府県単位,震度速報の細分単位のいずれかにより選択できるため,テレビ局によって表示内容が異なる.このため統一した内容と,分かりやすい形式が視聴者にとっては望まれる.

図-8.5.2にテレビにおける表示形式の提案例を示す.放映されている番組を中断し,速報画面に切り替わる表示形式である.内容表現は,「もうすぐ」という言葉を用いることで,視聴者に危機感を感じさせる表現としている.速報画面への切り替えや危機感を与える内容表現

図-8.5.1 緊急地震速報表示画面

図-8.5.2 緊急地震速報提案画面1

によって，普段の地震速報とは異なることに視聴者は気づくはずである．また，視覚的に分かりやすいように大まかな地図を用いて震度を示し，警戒を促している．現在このような形式で緊急地震速報を発表しているテレビ局は民放1社のみ，しかも有料型の24時間ニュース専門チャンネルである．

ただし，この表示形式の問題点として，危機感を与えることによってパニックを起こし次の行動ができない可能性が指摘される．この問題点を

図－8.5.3 緊急地震速報提案画面2

改善した内容を図－8.5.3 に示す．同図のように，次への行動を図で例示すれば，パニックを起こす人は低減すると思われる．また，図では次への行動を絵で喚起しているが，音声による喚起も効果が期待される．慌てて行動を起こして転倒し，負傷するケースが高齢者に発生しており，さらなる改善も必要であろう．さらに，外国人には地震体験者が少なく，日本に滞在して不安な面もあると思われるので，英語表示を併用することも考えてよいと思われる．

8.6 おわりに

緊急地震速報の内容と有効性に関して述べてきた．一般向け緊急地震速報が提供開始されてからまだ日が浅く，実際に発表された事例も少ない．地震計設置数が少なかったり，震源に近い地域には間に合わなかったりなど，まだ完全なるシステムにはなっていないが，これから表示形式や内容が改善されれば利用性の高い情報になることが期待される．

また情報提供側が適切な情報を提供しても，受け手が正しく理解できなければ意味がない．情報を適切に判断するためには受け手側の事前の準備や理解が必要であり，普段から地震状況下での行動や心得などの地震対策を徹底すべきであろう．緊急地震速報を受けてからの猶予時間で何ができるかを予め準備・訓練して初めて，緊急地震速報の本質が見出せ，被害も大幅に軽減できると思われる．

参考文献

1) 気象庁HP：緊急地震速報について，http://www.jma.go.jp/jma/eqmenu.html
2) 鹿島建設株式会社HP：「鹿島早期地震警報システム」を構築，
   http://www.kajima.co.jp/news/press/200601/17a1fo-j.htm
3) 国立病院機構災害医療センター：病院における「緊急地震速報」対応～システム導入にむけて～，
   http://www.wds.emis.or.jp/docs/jisinsokuhou.pdf
4) 渡辺 実：緊急地震速報～そのときあなたはどうします～，角川SSコミュニケーションズ，pp.81～83, 2008.9
5) （株）サーベイリサーチセンターHP：「岩手・宮城内陸地震に関する調査」の調査結果の概要，
   http://www.surece.co.jp/src/press/backnumber/pdf/press_03.pdf

9章　原子力発電所の地震対策

9.1 はじめに

　2000年10月発生したM7.3の鳥取県西部地震が直接的な引き金となって，原子力委員会は耐震指針の見直しを始めた．その後，2005年2月，衆議院予算委員会の公聴会で，東海地震の想定震源域にある中部電力浜岡原発について「想定している揺れが不十分だと思う」と強く警告した委員がいたり，また，同2月には，原子力安全委員会の分科会の審議で，委員が「『残余のリスク』（想定外の地震で原発事故が発生する危険性のこと）が存在することを，分科会として明確に確認すべきだ」と求めていた．このような経緯を経ながら，原子力安全委員会は，2006年9月に新耐震指針を完成させていた．

　2007年7月16日，敷地約420万m^2，1ヵ所の発電所として世界最大である東京電力柏崎刈羽原子力発電所（以後，原発と略称）が，新潟県中越沖地震によって被災した．今回の被災は，国内の原発が震源間近の直下地震に見舞われた初のケースであり，「地震国日本で原発は安全に運転できるのか」という原発の耐震安全性について，危惧の声が改めてあがった．

　本章では原発事故の特徴，原発の安全確保がどのようになされているのか，中越沖地震でどのような事故が発生したのか，新旧の耐震指針がどのようなものであるか，被災した原子力施設の新耐震指針による安全性の検証，今後の課題等について述べる．

9.2 原子力発電とその事故の特徴

　原子力発電は供給安定性，経済性の面で優れているため，供給電力のベースとして，また石油代替エネルギーの主力として，我が国では積極的に開発が推進されてきている．2007年3月までに，55基，4,685万kWの原子力発電所が国内で運転されており，アメリカ，フランスに次ぐ世界で3番目の原子力発電設備保有国となっている．

　ところで，1986年4月26日，旧ソ連ウクライナ共和国のチェルノブイリ原発4号炉で原子力発電史上最悪の事故が発生し，爆発し崩壊した原子炉から約10日間にわたって大量に放出された放射能は，北半球のほぼ全域を汚染した．1986年のソ連報告書によると，広範囲で長期的な汚染が問題となるセシウム137の放出量は，広島の原爆で生成したセシウム137の量の300倍以上となる．

　事故直後，チェルノブイリ原発周辺30kmから，13万5千人の住民が避難させられ，その後，30万人を超える人が移住を余儀なくされ，長期的な影響は今のところ不明である．このように，大規模な原発事故が起きると，国民や社会に与える影響は極めて大きいことが，原発事故の特徴である．

9.3 原子力発電所の安全確保

9.3.1 安全確保の仕組み

原発は極めてまれな大地震などが発生した場合でも原発の安全性を確保するために,「止める・冷やす・閉じ込める」の3つの基本機能が地震時にも維持されるように設計されているという.「止める」については,地震に限らず異常が認められた場合は,核分裂を抑える制御棒が原子炉内に自動的に挿入され,直ちに核分裂を止める.「冷やす」については,原子炉内の熱は冷却水の循環により取り除かれるが,原子炉停止後も余熱除去系が働き,原子炉を冷やす.「閉じ込める」については,ペレット,燃料被覆管,原子炉容器,原子炉格納容器,原子炉建屋の5つにより放射性物質の放出を防ぐ.

9.3.2 構造の安全と運転時の安全

安全上重要な構造物,機器等は,地震による揺れが大きく増幅される表層地盤上ではなく,建設地盤として十分な支持性能があり,すべりや有害な沈下等が生じない地盤上に建設する.そのために地盤を掘り下げて,その上に鉄筋を網の目のように配筋し,コンクリートを流し込んで,地盤と建物との一体化を図る.原子炉格納容器などの安全上重要な設備については,世界最大級の振動台や加振機を用いて,実機や実機を模擬した試験体に対して設計用地震動を上回る地震動まで作用させ,耐震性の実証,設計余裕度の把握などを行う.

原子炉建屋内には複数の感震器(地震センサー)が設置してあり,原子力発電所内の感震器が一定以上の大きな揺れを感知すると,感震器から原子炉を停止させる制御装置に信号(トリップ信号)が出され,原子炉を安全に停止する仕組みになっている.感震器,トリップ信号を送る通信系統及び制御棒駆動装置は,それぞれ複数設けており,そのひとつにトラブルが生じても支障がないように設計する.

9.4 原子力発電所の耐震指針

9.4.1 旧耐震設計審査指針

従前の「発電用原子炉施設に関する耐震設計審査指針(以下,旧耐震指針)」[1]は,1978年9月に当時の原子力委員会が定めたものに基づき,1981年7月に原子力安全委員会が,当時の知見に基づいて静的地震力の算定法等について見直して改訂を行い,さらに2001年3月に一部改訂したものであった.

旧耐震指針では,設備を重要度ごとに,As,A,B,Cの4つに分類し,それぞれに耐震強度を定める重要度分類の考え方である(表-9.4.1).同表のS1とS2はそれぞれ,「将来起こりうる最強の地震」(最強地震)と「およそ現実的ではないと考えられる限界的な地震」(限界地震)である.S2>S1である.S1は,過去の文献や敷地周辺の地質調査などから,起きたことがわかっている地震や過去1万年間に活動した活断層を調べ,その長さや敷地までの距離などをもとに揺れの大きさを推定する.過去の地震について,応答スペクトルを比較・評価し,いずれの地震の応答スペクトルをも上回るようにS1の応答スペクトルを想定する.S2は,過去5万年まで調査範囲を広げて敷地周辺の活断層を探し,「現実的にはありえない」ほどの大

きな揺れを想定する．周辺で大規模地震を引き起こすような活断層が見つからない場合は，具体的な震源を特定せずに全国一律で深さ10km，M6.5の直下地震を想定する．

実際の設計では，S1，S2に加えて，通常の建物用の建築基準法で定める基準の3倍の力がかかったことも想定して，これらのうち最大の力に耐えるように設計する．

表-9.4.1　旧耐震指針による重要度分類と設計地震力

重要度（クラス）	主な対象機器	考慮する設計地震力
As	原子炉格納容器・制御棒など	S2または一般建築の3倍
A	排気筒・非常用炉心冷却系など	S1または一般建築の3倍
B	廃棄物処理施設など	一般建築の1.5倍
C	発電機など	一般建築と同等

9.4.2　耐震指針の改訂

1995年1月に起きた阪神・淡路大震災（M7.3）では，高速道路や新幹線の高架橋が相次いで崩壊したが，原子力安全委員会は旧指針の妥当性を明言した．しかし，古くなった知見に基づく旧指針の信頼性を疑問視する声は，専門家などの間で強まっていった．

2000年10月発生した鳥取県西部地震（M7.3）は，一部の活断層の存在が知られていた阪神・淡路大震災と違って，これまでの調査で活断層の存在が知られていなかった場所で発生した．地震規模も，旧指針で活断層のない場所で考慮する，「直下で起きるM6.5」をかなり上回るM7.3であった．このことから，同地震の発生8ヵ月後に原子力安全委員会は，耐震指針検討分科会を立ち上げて旧指針の見直しを始め，2006年9月に新耐震指針を完成させた．新耐震指針の主な変更点を示す[1]．

(1) 地質調査等の高度化
① 活断層評価年代の拡張

耐震設計上考慮する活断層について，旧耐震指針では5万年前以降に活動したものなどとしていたが，後期更新世（13～12万年前）以降の活動が否定できないものにまで拡張した．

② 新しい活断層調査手法の導入

耐震設計において用いる基準地震動を策定する際に必要である活断層調査については，敷地からの距離に応じ，変動地形学的調査，地表地質調査，地球物理学的調査手法を総合して，より詳細かつ入念な活断層調査を実施することとして，耐震設計上考慮すべき活断層の評価に万全を期すこととした．

(2) 地震動の評価策定方法の高度化
① 敷地ごとに震源を特定して策定する地震動評価の高度化

従来の応答スペクトルを用いた評価手法に加え，最新のシミュレーション評価手法である「断層モデル」による解析手法を全面的に取り入れ，両者の長所を活かすことにより，地震動の評価方法を高度化した．

② 震源を特定せず策定する地震動の評価の高度化

　これまではM6.5の直下地震を想定していたが，これを改め，震源と活断層を関連付けることが困難な内陸地殻内の地震について，その観測記録などから応答スペクトルを設定することにより，地震動を策定することとした．これにより，入念な活断層調査を実施しても評価できない可能性のある地震に備えることができる．

③ 鉛直(上下)方向地震動の個別評価

　鉛直方向の地震動評価について，これまで経験的に一律，水平方向の1/2の地震動に相当する静的地震力(鉛直震度)として評価していたことを改め，鉛直方向についても個別に評価し，個別の動的地震動として評価することとした．

(3) 耐震安全に係る重要度分類の見直し等

① 安全上の最重要施設の範囲の拡張

　耐震安全設計上最も重要な施設の範囲を，これまでの原子炉格納容器等(旧Asクラス)に加え，非常用炉心冷却系など(旧Aクラス)にまで拡張し，一本化した(Sクラス)．

② 地震随伴事象の考慮の明記

　地震随伴事象(周辺斜面崩壊，津波等)への考慮について明記した．

(4) 確率論的安全評価手法活用に向けた取り組み

　原子炉設置者に対し，「残余のリスク」を合理的に実行可能な限り小さくするための努力を払うべきとするとともに，基準地震動に対する超過確率を安全審査において参照することを求めるなど，確率論的安全評価手法の導入に向けた取り組みを行った．

9.4.3 既設の発電用原子炉施設等の耐震安全性確認

　新耐震指針の完成を見て，2006年10月には原子力事業者等の耐震安全性評価の実施計画が発表され，それによれば，2009年度までに全ての既設の発電用原子炉施設等の耐震安全性確認(バックチェック)を終える予定となっている[1]．

　その結果については例えば，「発電用原子炉施設に関する耐震設計審査指針」等の改訂に伴う浜岡原子力発電所4号機の耐震安全性評価について（2007.1.29経済産業省原子力安全・保安院）[1]によると，新たに策定した基準地震動（敷地の岩盤上での最大加速度は800ガル）を用い，耐震設計上重要な施設の耐震安全性評価，及び原子炉建屋基礎地盤の評価を実施したところ，基準地震動に対し耐震安全性が確保されることを確認したとある．具体的には，原子炉圧力容器の胴板に関しては，評価基準値320MPaに対して発生値175MPa，炉心支持構造物の炉心支持板に関しては評価基準値427MPaに対して発生値113MPaなどとなっている．

9.5 新潟県中越沖地震と柏崎刈羽原発

9.5.1 新潟県中越沖地震の概要

　死者68名を出した2004年10月の新潟県中越地震の記憶も新しいうちに，ふたたび中越地方を地震が襲った．2007年7月16日午前10時13分，新潟県の中越沖（新潟市の南西60km）を震源とするM6.8の地震が発生した（震源の深さ17km）．新潟県柏崎市，長岡市，刈羽村などで震度6

強, 新潟県小千谷市, 上越市などで震度6弱を記録した. この地震による死者15名, 負傷者2,315名, 家屋の全壊1,319棟, 半壊4,764棟であった.

9.5.2 柏崎刈羽原発の被害

新潟県作成の新潟県中越沖地震記録誌[2]によれば, 柏崎刈羽原発の被害は次のようであった.

地震発生時, 柏崎刈羽原子力発電所では3, 4及び7号機が運転中で, 2号機が起動中であった. その他の1, 5及び6号機は定期検査のため停止していた. 運転中及び起動中の原子炉は地震の揺れを感知し自動的に停止した. その後, これらの原子炉は順次, 冷温停止のための操作が行われ, 翌7月17日の朝までに作業が完了した. なお, すべての核燃料物質が2008年1月20日までに原子炉内から取り出され, 使用済み燃料プールに移された.

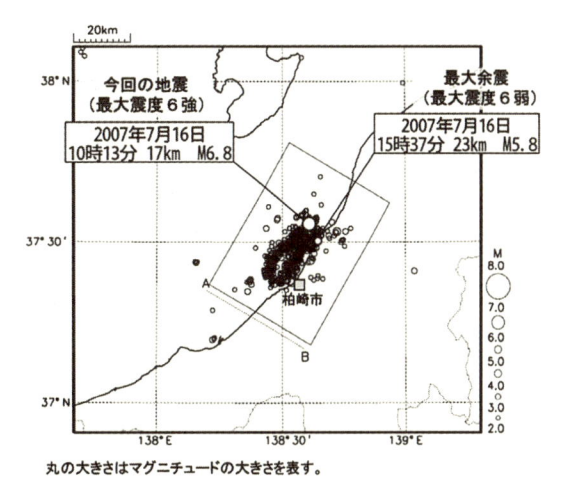

図−9.5.1 余震分布[2]

地震によって発電所構内では, 道路を始め至る所で陥没などが生じ, 緊急時対策室がある事務本館なども大きな被害を受けた. また, 送電施設についても, 発電所への外部電源4系列のうち2系列が使用不能になるなど, 多くの被害が発生した.

東京電力が原子力発電設備に対する不適合事象の発生状況として整理した事項は, 次のとおりである.

発生した不適合事象3,427件のうち, 最もグレードの高いAs (プラントの性能, 安全性に重大な影響を与える事象, 法令・安全協定に基づく報告事象など) にランクされる不適合事象は, 汚染・放出1件, 水漏れ7件, 火災1件, 機械破損・変形1件の合計10件であった.

次のグレードのA (品質保証の要求事項に対する重大な不適合事象, 定期検査工程へ大きな影響を与える事象など) は, 設備停止・水位変動・警報発生3件, 汚染・放出2件, 水漏れ4件, 油漏れ (薬品含む) 4件, 破損・変形 (機械) 19件, ひび・剥離 (建物等) 1件, 電源喪失・地絡1件, その他 (消耗品破損, 仮設物転倒等) 2件の合計36件 (全体の1.1%) であった.

特筆すべき個別の事象としては,
- 地震発生直後に発生した, 3号機の所内変圧器での火災
- 6号機排水口および7号機排気筒からの放射能漏れ
- 6号機原子炉建屋天井クレーンにおける継ぎ手 (ユニバーサルジョイント) の破損
- 3号機原子炉建屋オペレーティングフロアのブローアウトパネルのはずれ
- 全号機で地震時のスロッシング (振動に共振して発生する液体の揺動現象) により使用済燃料保管プールの溢水

国際原子力機関 (IAEA) 等は, 原子力発電所等の個々のトラブルについて, 安全上どの程度のものかを簡明に表現できるような指標として, 国際原子力事象評価尺度 (INES) を策定

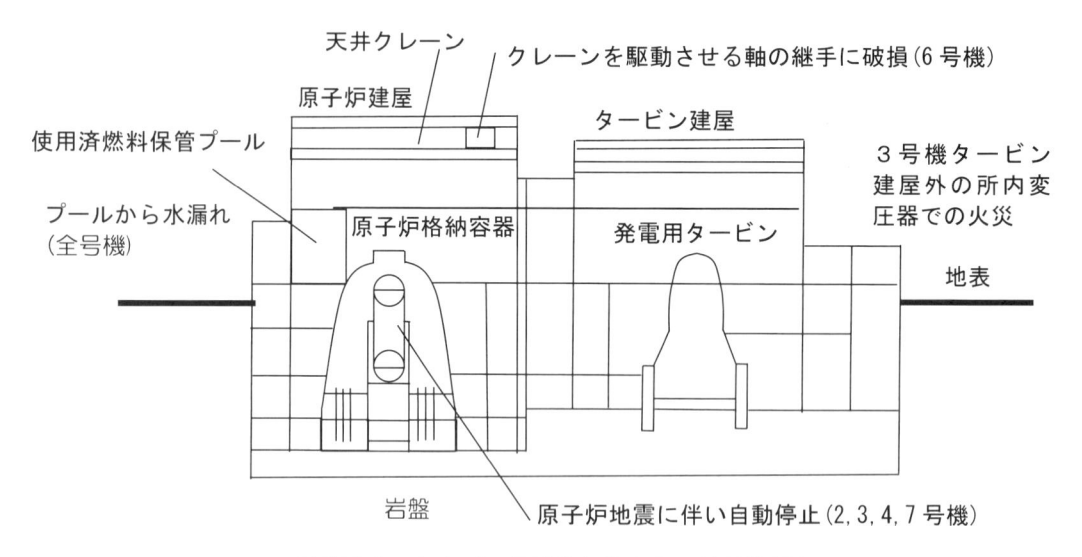

図中ラベル:
- 天井クレーン
- クレーンを駆動させる軸の継手に破損(6号機)
- 原子炉建屋
- タービン建屋
- 3号機タービン建屋外の所内変圧器での火災
- 使用済燃料保管プール
- プールから水漏れ(全号機)
- 原子炉格納容器
- 発電用タービン
- 地表
- 岩盤
- 原子炉地震に伴い自動停止(2,3,4,7号機)
- 6号機排水口および7号機排気筒からの放射能漏れ

図−9.5.2　建屋の概念図と発生した主な事象

しており，我が国においても1992年から運用している．今回の地震による不適合事象のうち，4つのトラブルがINESの評価の対象とされたが，調査の結果，すべての事象が「評価対象外」または「安全に影響しない事象」もしくは「安全に関係しない事象」と評価された．

9.5.3　柏崎刈羽原発に対する安全性検証

2007年7月30日には，新潟県中越沖地震による影響に関する原子力安全委員会の見解と今後の対応が出された[3]．それによると，地震の影響については，(1)原子炉の自動停止等の重要な安全機能（「止める，冷やす，閉じ込める」）は確保されており，(2)地震により発生した事象による環境への影響の把握に努めるとしている．

耐震安全性の確保への対応については，(1)新耐震指針における要求に従い，既設原子力発電所の耐震安全性の確認（バックチェック），(2)地震による揺れの詳細な把握と敷地周辺の断層についての追加調査，(3)今回の地震による知見を踏まえて全原発における建物・構築物の支持性能の確保等，(4)「残余のリスク」の評価に向けた検討，(5)耐震安全性に関する安全研究等の充実・強化，を行うことを要求している．

地震時の火災等への対応については，(1)地震時の火災等への対応の体制整備と，(2)地震時の火災防護対策の強化を行う．異常発生時の情報の報告・公表については，(1)国・地方自治体への報告・公表，(2)国民に対する説明，(3)国際的な情報共有を的確に行うことを要求している．

これを受けて，東京電力に対して種々の要請が出され，同社は検討結果を関係省庁に報告するとともに，プレスリリースとしてその内容をホームページ上で公表している[4]．ここでは，柏崎刈羽原子力発電所における基準地震動に係る報告書の概要を紹介する[5]．

報告内容は，地質調査結果から基準地震動を策定するにあたり考慮した活断層，地震観測データの分析結果，基準地震動の策定である．

地震観測データの分析結果からは，
① 新潟県中越沖地震に関しては，同じ規模の地震と比べ大きめの地震動を与える地震であったこと，周辺地盤の堆積層の厚さと傾きの影響で地震動が増幅したこと，発電所敷地下にある古い褶曲構造のために地震動が増幅したことなどから，発電所敷地への影響が大きくなったものと評価した．
② 発電所敷地内において，1～4号機側と5～7号機側では，上述の古い褶曲構造の影響により地震動の増幅に違いが生じ，1～4号機側の方が5～7号機側に比べ，2倍程度地震動が大きくなるものと評価した．

基準地震動の策定に関しては，
① 1～4号機の解放基盤表面における基準地震動の最大加速度は2,280ガルとなり，5～7号機の解放基盤表面における基準地震動の最大加速度は1,156ガルとなった．
② これをもとに，解放基盤表面から原子炉建屋に地震動が伝わる間の減衰を考慮して，最終的に主要な安全設備に影響を与える原子炉建屋基礎版上の地震動を評価した結果，1～4号機側の最大加速度は約660～830ガル，5～7号機側の最大加速度は約540～660ガルとなった．

東京電力では，今後，施設の耐震安全性の向上を図るため，1～7号機の全てに対して原子炉建屋基礎版上で1,000ガルの揺れに耐えられるよう工事を実施するとしている．

9.6 おわりに

地震国日本で原子力発電所を安全に運営するためには，今後，新耐震指針に照らし合わせた安全性評価とそれに伴う耐震補強工事等のハード対策に加え，原子力防災の効果を向上させるソフト対策も必要である．原子力災害時における拠点となる施設として既にオフサイトセンター(緊急事態応急対策拠点施設)[6]が設置されている．しかし，柏崎刈羽原発の被災ではオフサイトセンターは活用されなかったという．同センターの運営マニュアル等の改善が必要であろう．

参考文献
1) 内閣府原子力安全委員会HP：耐震性向上への取組
   http://www.nsc.go.jp/taishinkojo/index.htm
2) 新潟県庁HP：新潟県中越沖地震記録誌，7章
   http://www.pref.niigata.lg.jp/kikitaisaku/1245355313289.html
3) 原子力安全委員会HP：耐震性向上への取組，新潟県中越沖地震による影響に関する原子力安全委員会の見解と今後の対応，http://www.nsc.go.jp/anzen/sonota/kettei/20070730.pdf
4) 東京電力(株)HP：プレスリリース，http://www.tepco.co.jp/cc/press/index-j.html
5) 東京電力(株)HP：柏崎刈羽原子力発電所における平成19年新潟県中越沖地震時に取得された地震観測データの分析及び基準地震動に係る報告書の提出について
   http://www.tepco.co.jp/cc/press/08052201-j.html
6) 原子力安全・保安院HP：原子力防災，オフサイトセンター
   http://www.nisa.meti.go.jp/7_nuclear/11_bousai/ofusaito.htm

10章　中山間地地震における被害と災害復旧

10.1　はじめに

2004年10月23日，新潟県の中越地方を大地震が襲い，震源地付近の同県川口町では震度7の激震を記録した．新潟県中越地震と命名されたこの地震は，兵庫県南部地震と同じく活断層のずれによる直下地震である．しかし，中山間地の地震であったため，都市直下の兵庫県南部地震とは異なる被災様相と教訓を残した．道路，鉄道を含めたライフラインが大規模土砂崩壊などにより各所で寸断され，孤立する地域が発生し，旧山古志村（現長岡市）では全村避難となった．日本列島の至る所に活断層があることを考えれば，今後の地震防災を考えるに当たって，参考となることが多い．

本章では，一般道路，高速道，新幹線，河川における主な被災状況とその復旧工事・工法を紹介し，さらに道路の緊急点検と情報処理に対する今後の課題と改善点を述べた．また，橋脚の耐震補強の効果や，崩壊土砂除去のための無人化工法についても紹介した．

10.2　新潟県中越地震の概要

新潟県中越地震は2004年10月23日午後5時56分頃に発生した．震源地は長岡市川口町付近で，震源の深さは約13km，M6.8であった．川口町では，震度計による観測開始以来，初めての最大震度7を記録した．新潟県中越地震の大きな特徴は，震度5以上の余震が断続的に多数回発生したことである．本震発生の15分後にはM6.0，38分後にはM6.5の余震が発生した．震度1以上の余震発生回数は，同年12月28日までに延べ877回に達した[1]．

本震および余震の一連のメカニズムは，北西－南東方向に圧縮軸をもつ逆断層型である．同地域では，過去にも同様なメカニズムのもとで地震が起きている．

新潟県が同年12月28日までにまとめた被害状況によると，死者40人，重傷503人，軽傷4,051人に及んだ．住宅被害は全壊2,858棟，大規模半壊1,657棟，半壊9,300棟，一部破損8万9,095棟となっている．被害の大きな特徴は，平野部よりも山地部に大きな被害が集中したことである．新潟県は，地すべりや土石流などの土砂災害多発地帯を抱えている．また，7月の梅雨前線の停滞による水害や，台風23号による降雨で地震発生前に地盤が緩んでいたことも被害を拡大させたと考えられる．

兵庫県南部地震や2005年福岡県西方沖地震の被害状況と比較してみると，人的被害や住宅被害は福岡県西方沖地震より大きいが，大都市を襲った兵庫県南部地震の被災よりは限定的である（表－10.2.1参照）．

表-10.2.1 兵庫県南部地震，新潟県中越地震と福岡県西方沖地震の被害比較

		兵庫県南部地震	新潟県中越地震	福岡県西方沖地震
震源地		淡路島北部	長岡市川口町	玄界灘
最大震度(M)		7	7	6弱
人的被害（人）	死者	6,434	40	1
	負傷者	43,792	4,554	1,069
住宅被害（棟）	全壊	10万5千	2,858	132
	半壊	14万4千	10,957	243
	一部破損	39万	8万9千	8,478

10.3 一般道路の被災と復旧

10.3.1 緊急対応

　文献 2) によれば地震発生後の一般道路の被災状況と緊急対応は次のようであった．まず，地震発生直後の 10 月 23 日午後 6 時には，国土交通省北陸地方整備局に災害対策本部が設置された．各出先事務所では駆けつけた職員らによりチームが編成され，直轄国道の異常時巡回や直轄河川の巡視が開始された．整備局の震災初期対応では，ヘリコプターの活用が特筆される．午後 7 時 20 分には整備局が借り上げたヘリが被害状況の調査を開始した．このヘリの活用は，兵庫県南部地震から得られた教訓である．

　翌 24 日，被害状況が徐々に明らかになると，道路の被害も深刻な様相を呈し，国道 8 号，17 号などの県内最重要直轄国道の 17 ヵ所をはじめ，新潟県管理の国道・県道を含め，約 240 ヵ所が全面通行止めとなった．しかし，25 日には国道 17 号の和南津トンネルを除く被災箇所の緊急復旧は終わり，緊急車両と被災地域車両の通行が確保された．和南津トンネルは遅れて 11 月 2 日に通行可能となった．

　新潟県管理の国道 291 号は，山古志村と小千谷市，魚沼市を結ぶ幹線道路であるが，国道 17 号と同様に壊滅的な被害を受けた．本国道の復旧は全村避難となった山古志村との連絡に必要不可欠であり，本格的な降雪時期を控えて，早急な復旧が必要とされた．11 月 2 日に新潟県から国に対し同国道の災害復旧支援要請がなされ，北陸地方整備局が復旧事業も担当することとなった．

10.3.2 国道 17 号和南津トンネルの被災と復旧

(1) 被災状況

　国道 17 号和南津トンネルは震源地そばにあり，1964 年に竣工した古いトンネルであったため，その被害も深刻だった．和南津トンネルを含め国道 17 号が通行不能になったことで，川口町は寸断される形となった．地震発生翌日の早朝から緊急復旧工事が開始され，被災 31 時間後の 25 日におおむね国道 17 号の緊急復旧が終わり，和南津トンネルを除き緊急車両および被災地域の車両の通行が可能となった[3]．しかし，写真-10.3.1 に見られるようにトンネルは

内部の崩壊と，余震による2次災害の恐れがあったため，復旧工事は難航した．

(2) 復旧工事

和南津トンネルは全長300mで，大きな被害を受けたのは長岡側120mの区間であった．坑口から30mの区間の一部で壁側の押し出しが発生，30mから90mの区間でコンクリート剥離や亀裂が生じ，90mから110m区間ではトンネルアーチ部の覆工コンクリートが崩落していた．

同トンネルの復旧工事は以下の手順で行われた[2]．応急復旧はまず，崩落したコンクリートの撤去から始められ，同時に既設覆工コンクリートの補強と崩落防止の目的で仮受支保を立案，崩落コンクリート撤去後すぐに鋼製支保工を建てこみ，コンクリートが吹き付けられた．作業は2交代制の24時間態勢で行われた．27日には震度6弱の余震が発生し，余震による退避・作業の中断を繰り返しながらも，期限の11月2日，1車線の片側交互通行を実現した．

この後，「プロテクター工法」を用いた本格復旧工事が開始された．プロテクターは復旧作業中の落下物などから通行車両を防護するもので，H型鋼と鉄板を組み合わせ，小型トンネルとするものである（写真－10.3.2）．コンクリート打設・養生でもトンネルバルーンを活用するなどの工夫がなされ，工期の短縮が可能となった．その結果，地震発生から約2ヵ月後の12月26日に2車線による通行が可能となった．

写真－10.3.1 和南津トンネル内部コンクリートの崩落[3]

写真－10.3.2 プロテクター工法による本復旧施工（シート内）[4]

10.3.3 国道291号の被災と復旧

(1) 被災状況

写真－10.3.3に国道291号の被害状況を示す．新潟県から国に対し291号の災害復旧の支援要請がなされたことに伴い，北陸地方整備局が権限代行したのは，小千谷市大字小栗山から山古志村の竹沢までの約10kmの区間である．このうち，竹沢トンネルから旧東竹沢小学校までの約3km区間は大規模

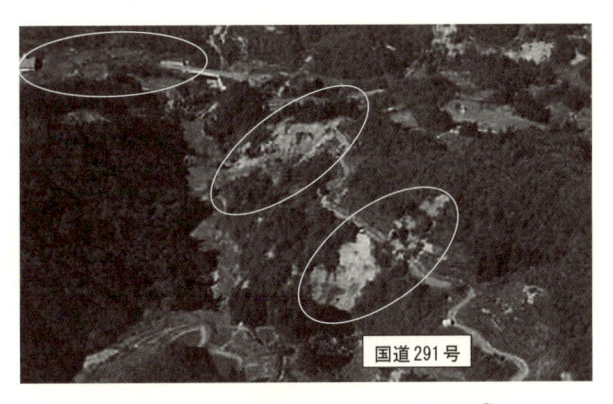

写真－10.3.3 国道291号の被害状況[5]

山崩れが連続し，ほとんど道路の原形を留めていない状況であった．

(2) 復旧工事

12月初旬の復旧を目標に工事が開始されたが，まず山古志村へ入る道がないことが問題となった．竹沢トンネル付近の約1kmは早期の復旧が困難と判断され，隣接する林道を拡幅して迂回路が作られることとなった．しかし，林道も大きな被害を受けており，想定したルート上でも20ヵ所以上で地すべりが起こり，うち3ヵ所は大規模な崩落だった．

現地に入った現場監督を中心とする技術者たちが被災状況を見て，自らの経験と知恵を頼りに判断していった．工期短縮のために数ヵ所に工事拠点を設置し，そこから同時に工事を行うという手法が用いられた．

民間ヘリ会社の協力のもと，資材や機材はヘリで各拠点に運ばれた．ヘリで機材を運ぶ際，搭載重量を3トン未満にする必要があり，重機は解体された形で運び込まれ，現地で組み立てられた．11月18日には施工区間の途中2ヵ所に拠点が築かれ，起点と終点を含めた4ヵ所から同時並行で施工する体制が整えられた．工期が制約される中，設計と施工を同時に行いながらの作業が続けられ，12月5日に復旧工事が完了した．

10.3.4 県道への崩土砂除去工事における無人化施工

中越地震において北陸地方整備局は，新潟県など自治体に多くの支援を行った．避難生活への支援や避難箇所の現地画像配信，災害調査などに対した人的支援も行っているが，その中でも災害機械等の派遣を通じた支援がある．長岡市妙見町で起きた大規模土砂崩落現場において，親子3人が乗った車が土砂にのみ込まれた．このうち，男児は救出され，母親の遺体も収容されたが，女児の遺体収容が難航した．新潟県は，女児の遺体収容には重機による作業が必要と判断したが，そのための仮設道路をつくるのに二次災害の恐れがあったため，県は北陸地方整備局に技術協力を要請し，無人化機械施工が選択された．

作業は11月1日から始まった．被災地点までの最短ルートで取り付け道路が無人化施工された．画面を見ながら重機を操作する無人化施工は，その効率を上げるにあたりカメラの位置や角度，監視カメラが重要な要素となる．そのため，オペレーターとして雲仙普賢岳や有珠山などで無人化施工の経験があった作業員が選出された．6日までに取り付け道路がほぼ完成し，7日には有人による重機と機動隊との共同作業で土砂が撤去され，遺体は収容された．断続的

図—10.3.1　無人化施工の概要[6]

な余震の中の作業において，この無人化施工は二次災害を防ぐための有効な工法だといえる．図－10.3.1 に無人化施工の概要を示す．

10.4 高速道路（関越自動車道）の被災と復旧

10.4.1 高速道路の被災

新潟中越地震発生直後，新潟県とその周辺を通る日本道路公団JH（現東日本高速道路会社）の高速道路合計 580km が通行止めとなった．JH の本社には緊急対策本部が設置され，北陸支社と新潟県内の3つの管理事務所（長岡，上越，湯沢）に非常対策本部が設置された．震源はJH 北陸支社の湯沢管理事務所の管轄地内であった．地震発生から約2時間後に，湯沢管理事務所の職員らによる点検が開始された．湯沢から小出 IC までの区間では，路面の段差が見られる程度の被害だったが，小出 IC の先からは車を使っての移動が不可能で，道路は盛土の崩壊により大きく破壊していた（写真－10.4.1）．

10.4.2 高速道路の復旧

新幹線が脱線し，一般道路も寸断された状況の中で，関越自動車道は，被災住民支援のための重要な道路である．点検作業と並行し，

写真－10.4.1　地震発生直後の関越道[5]

JH は維持管理会社の協力のもと，崩壊路面や段差を砕石や土のうで補修する作業を実施した．その結果，地震発生から 19 時間後の 10 月 24 日午後，緊急車両の通行路を関越自動車道の被災区間で確保した．この時点から緊急復旧工事に向けての動きが本格化することとなった．

大規模な路面崩壊が発生した関越道の小出 IC から越後川口 IC 区間では，崩壊土砂と崩壊路面を撤去し，大型土のうの積み上げ作業と，盛土構築作業が実施された．また，本線橋梁でも支承部などの復旧工事が行われた．

被災から約 100 時間で緊急車両が通行できる 2 車線を確保した．これをもって緊急復旧完了とし，以後，工事は一般車両を通すための応急復旧に移行した．地震発生から 13 日後，2 車線通行で一般開放され，被災から 34 日後の 11 月 26 日に全路線で 4 車線による一般車両の通行が可能となった．その後，雪解けと同時に，本格復旧工事が各所で行われた．

関越自動車道と北陸自動車道の一部区間の通行止めにより，首都圏から新潟に向かう高速道路の代替ルートとして，磐越自動車道と上信越自動車道が機能した．磐越道で約 6 割増，上信越道で約 4 割増の交通量となり[7]，被災地への救援や経済活動の維持に大きな働きを果たした．

10.5 道路の震災復旧に関して

10.5.1 道路の震災復旧の進め方

震災復旧は大きく緊急調査・緊急措置，応急調査・応急復旧，本復旧の為の調査・本復旧

の3段階から構成される[8]．

第1段階では，概略的な被災状況および重大な被害の有無を把握するための緊急調査を行い，通行規制，被害拡大防止措置（二次災害の防止）等の緊急措置を実施する．倒壊の危険性が非常に高いと判断される被災構造物に対する緊急的な対策も行う．また緊急措置は，緊急調査により被害が発見された場合，あるいは重大な二次災害が発生する危険性がある場合には全面通行止め・通行規制などを講じるものであり，高速道路においては，計測地点における震度により速度規制（4.0以上4.5未満）や通行止め（4.5以上）を実施する．路面の段差や陥没，路面への崩土等のうち，被害が比較的軽微である場合などは，土のうや砕石等により段差・陥没箇所を埋めたり，崩土を除去する等の応急処置により交通路を確保する．

第2段階では，道路構造物全体の被災状況を包括的に調査し，損傷の進行状態を踏まえた二次災害対策や，道路交通確保の緊急性に基づく応急復旧を実施し，あわせて路線の重要性・構造物の被災度および復旧の難易度に基づく復旧計画素案を立案する．

第3段階では，道路構造物の被災状況の詳細調査結果に基づく本復旧計画を立案し，地域復興計画を踏まえた道路施設の機能確保上必要な耐震性水準に基づく本復旧工事を実施する．

10.5.2 高速道路の震災復旧に関する考察

兵庫県南部地震以後，地震対策（震前・震後対策，震災復旧など）の重要性が改めて認識され，道路の耐震対策が進められ，震後の対応マニュアル等の道路管理者がとるべき行動の基本方針も整備されてきた．その結果，新潟県中越地震では早期に緊急交通路の確保が可能となった．また，本復旧の工事は，地震発生の翌年6月より本格着手し，12月末には工事に必要な連続規制を解除し，概ね完了することができ，高速道路本来のサービスレベルまで復旧することができた．

しかし，今後の高速道路の震災復旧について課題もあると思われる．震前対策において，地震等の自然災害に対して絶対に壊れない道路を建設することは，不可能に近い．そこで，震後の対応，つまり震災復旧が重要になってくる．ここでは，今後の震災復旧の課題として，緊急点検と情報処理に関する問題の2つを挙げる．以下に，具体的な問題点とそれに対する改善案を考察する．

(1) 緊急点検における問題点とその改善

緊急点検においては，短時間で被害概要を把握する必要があるが，被害状況によっては点検が不可能となることも考えられる．実際に，新潟県中越地震後の緊急点検において，盛土路面崩壊により地上巡視による点検はできなかった．緊急点検においては走行性に関する被害を把握できればよいと考えられるので，航空写真やCCTV（有線テレビ）カメラの活用によるリモートセンシング点検を地上巡視点検方法に加えて，被害状況を広域的かつ迅速に把握することも必要である．

(a) 航空写真による緊急点検

被災地の上空から観測された画像や映像を利用した被害把握は，発生直後の被害情報を得るのに有効な手段である．これまでも，大規模な災害が発生した場合，当日あるいは翌日から航

空写真が撮影され，被害状況把握のための調査・解析に利用されてきた．

　航空写真がどの程度被害を把握できるかに関しては，新潟県中越地震において，国土地理院が地震発生の翌日と10月28日に撮影した航空写真に高速道路も撮影されているので，JHが点検時に撮影した地上写真と比較することができる[9]．比較を写真－10.5.1に示しているが，路面段差や陥没などの被害についても航空写真で判読可能であることがわかる．

(a) 路面段差

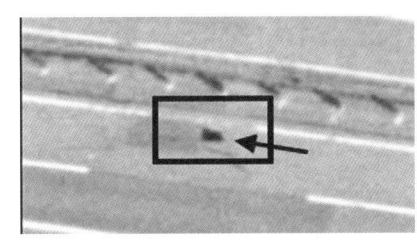

(b) 路面陥没

写真－10.5.1　航空写真と地上写真の比較（左：航空写真，右：地上写真）[9]

　そこで，航空写真による緊急点検を行うにあたり以下のことを考慮するとよい．
・地震発生時，計測震度4以上の地域に対して航空写真の撮影を行う，契約パトロール等のシステムを構築する．
・例えばGPS（Global Positioning System, 全地球測位システム）の利用によって，航空写真の撮影地点と被害箇所を特定できる情報管理体制を整備する．

(b) CCTVカメラによる緊急点検

　CCTVカメラは，平常時の道路保全の現場で信頼性のある情報として日常的に活用されており，また，遠隔より状況を確認できるなどの高い即時性を有している．このため，実際に地震直後の道路状況を把握することにも利用されており，災害時の現地状況把握に適している[10]．

　CCTVカメラによる緊急点検に関して以下のような点に留意するのが望ましいと考える．
・CCTVカメラは，地震時に被害が想定される箇所や航空写真では撮影できない箇所に設置する．
・CCTVカメラの設置には，光ファイバーを用いる．これにより，常時および地震による路面のひずみ・変形量の計測も可能となり，震後の被害想定に役立つ．
・CCTVカメラでのモニター点検においては，計測震度などによる優先順位に応じて点検で

きるシステムの構築を行う．
・CCTVカメラでのモニター点検を，地上巡視点検班や航空写真点検班と連動させ，点検体制の司令塔となるシステムを構築する．

(2) 情報処理に関する問題点とその改善

震災後速やかに現地調査等により被災状況の収集・整理が実施されるが，新潟県中越地震においても，震災直後における作業は紙に依存しており，デジタルデータとしての活用ができなかったようである．災害規模が大きいと，様々な機関により被災状況が取りまとめられるが，より迅速な災害復旧の実現のためには，情報の共有化が望まれ，GIS (Geographic Information System, 地理情報システム) を利用したデータのデジタル化が必要である．

災害時における GIS による情報集約と公開を目的として，新潟県中越地震復旧・復興 GIS プロジェクトが行われた[11]．このプロジェクトの主な活動は，各行政機関のホームページを巡回し，更新内容を GIS 上のデータにも更新処理し，情報を取りまとめることであった．結果として，道路や鉄道等の交通規制情報，ライフライン規制に関する情報，土砂崩れや施設被害など地震による被害の情報などが提供された．

この GIS プロジェクトの目的は一般に向けての情報提供となっているが，こうした GIS による一元化された情報の利用は，各機関のより緊密な連絡と連携を促し，被災地のより迅速な復旧活動が可能となると期待される．高速道路についても，他の交通網の被害状況が把握できれば，どの区間を無料開放区間とするか，どの路線に緊急交通路の確保を急ぐべきかなどの判断が迅速に行え，優先度に応じた復旧工事が可能となる．

10.6 新幹線の高架橋とトンネルの被害及び復旧

10.6.1 鉄道高架橋の損傷状況

新潟県中越地震で被災した鉄道のほとんどは新幹線の高架橋梁であり，在来線の被害は盛土の崩壊及び地滑りによる線路への土砂流出などが多かった．

今回被災した上越新幹線RC高架橋は，1972年の全国新幹線網建造物設計標準（東北・上越・成田用）及び，1970年の建造物設計標準（RC構造物及び全コンクリート構造物・PC鉄道橋）に基づいて設計されていた．ただし，被災した上越新幹線浦佐駅〜燕三条駅間におけるRC高架橋のうち，長岡市南部に位置する滝谷トンネル〜長岡駅北約1kmの区間におけるRC高架橋は，兵庫県南部地震以後の緊急耐震補強対策の対象線区となっており，耐震補強が既に施されていた高架橋が存在していた．脱線した「とき235号」が地震時に走行したと考えられる，十日町高架橋と村松高架橋は耐震補強対象区間であった[12]．

(1) 耐震補強対象区間外の高架橋の被害状況

堀之内トンネルから魚沼トンネルまでは1km程度のわずかな区間であるが，多数の高架橋や橋梁が設置されており，これらの高架橋・橋梁のうち，第一和南津高架橋，第三和南津高架橋ではせん断破壊，魚野川橋梁においては橋脚中間部に曲げ損傷が生じていた．

(2) 耐震補強対象区間内の高架橋の被害状況

　小千谷市から長岡市に入り，滝谷トンネルから「とき235号」脱線現場の区間においても，高架橋の軽微な被害が生じた．しかし，この区間は平成7年の運輸省通達における緊急耐震補強対策の対象線区となっており，一部の高架橋には既に耐震補強が施されていた．従ってこの区間においては甚大な被害は生じなかった．

10.6.2 鉄道トンネルの被害と復旧

　今回の地震により被害を受けた鉄道トンネルは21個である．このうち覆工コンクリートの崩落や軌道隆起により復旧に2ヵ月程度を要する比較的大きな被害を受けたトンネルは，上越新幹線の魚沼トンネル，妙見トンネルと上越新幹線の和南津トンネルである．この3トンネルに共通していることは，いずれも坑口付近は健全であり，被害箇所がトンネルの中間位置にあり，かつ点在していることである．以下に甚大な被害を受けた上越新幹線の魚沼トンネルの被害状況と復旧方法の概要について述べる．

　魚沼トンネルでは，トンネル中間部の3ヵ所で被害が発生したが，最も顕著な被害箇所の概略を図-10.6.1（左）に示す．覆工コンクリートのアーチ部の崩落（延長5m），覆工コンクリートのひび割れ，側壁の押出し，路盤コンクリートの隆起（約250m），インバートコンクリートのひび割れ等の被害が発生した．崩落コンクリート塊の最大長は一辺2m近くもあった．復旧工法のイメージを同図右に示す[13]．

10.6.3 まとめ

　中越地震においては，トンネルが大きな被害を受けたため，新幹線，在来線ともトンネル復旧工程が鉄道開通のネックとなった．トンネル被害に対する復旧工事においては，復旧資機材の搬入路の確保が重要である．特に上越新幹線の魚沼，妙見トンネルは，トンネル間が雪覆いに囲われているため，魚沼トンネル・妙見トンネル・滝谷トンネルの3つのトンネルが延長13kmもの1本のトンネルのような構造になっており，資機材の搬入に困難をきたした．

　また，地震直後から大きな余震が続き調査及び復旧作業に影響を与えたが，被災から約2ヵ月という短期間で鉄道不通区間の運転再開を果たした．

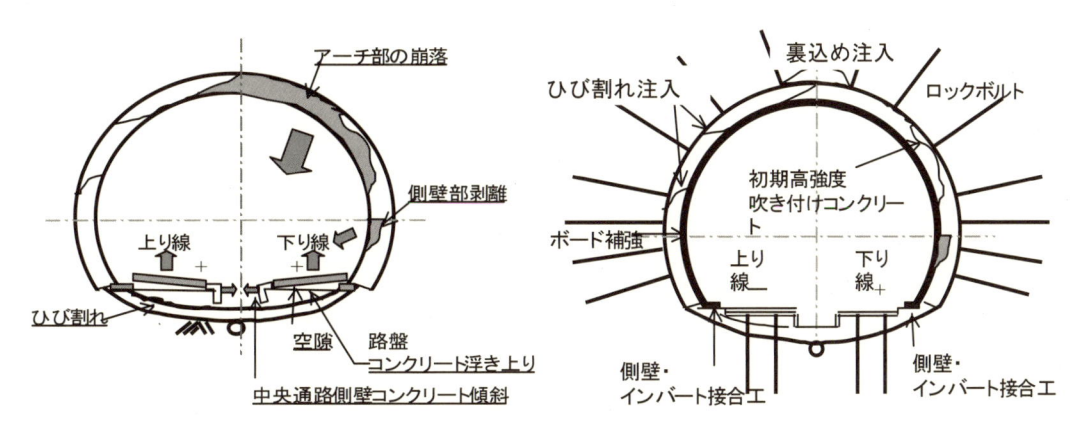

図-10.6.1 魚沼トンネルの被害状況（左）と復旧のイメージ（右）[13]

10.7 芋川河道閉塞対策工事

10.7.1 被災の概要

芋川は，信濃川水系魚野川の右支川に位置し，流域は山古志村（現長岡市），魚沼市，小千谷市，川口町からなる．新潟県中越地震により，震源に近い芋川流域内では，土砂による河道閉塞が 52 ヵ所生ずるなど甚大な被害が発生した．北陸地方整備局湯沢砂防事務所は，地震発生後すぐに非常体制に入り，地震発生翌日に職員らによる砂防巡視点検活動が開始されて，芋川流域の土砂崩壊の大きさが明らかになった．芋川流域被害の復旧は当初，所管する新潟県が担当したが，県からの要請により湯沢砂防事務所に現地対策本部が設置され，また芋川の閉塞状況を監視する装置も同事務所に設置された．

大規模な地すべりで河道閉塞ができた東竹沢地区（写真-10.7.1）では，地すべりの上部斜面は約 70m も移動し，土砂は 320m にわたって芋川の河道を埋めた．せき止め湖の水位上昇により，上流にある集落の家屋が浸水・水没するという深刻な事態が生じ，さらに越流，あるいは天然ダム崩壊という最悪の事態も危惧された．

この状況を打開するため，11 月 12 日に「芋川河道閉塞対策現地対策室」

写真-10.7.1 地すべりによる大規模な河道閉塞 [14]

が設置され，同月 17 日には，河道閉塞に対する恒久対策と芋川の砂防計画の検討を行うため，芋川河道閉塞対策検討委員会も設置された．

10.7.2 復旧工事

11 月 8 日に初期対策として設置されたポンプ 6 台が稼動したが，依然として水位は上昇し，越流の恐れがあった．17 日に排水ポンプ 12 本が稼動可能となり，18 日から水位が下がり始め，越流の危機が回避された．

10.8 おわりに

本章では，新潟県中越地震における道路・鉄道における盛土・トンネル・橋梁，河道閉塞などについて，特徴的な事例とその復旧工事について述べた．道路復旧における課題，耐震補強の効果，無人化施工に関しても記述した．

事前に被害を想定して，被害を最小限に抑える工夫が重要であるが．それでも防げなかった被害には早急に対処しなければならない．復旧の迅速さは余震が続く中でも要求され，予期せぬ障害が出てくる中でいかにすばやく対処できるかは，そのときまでに培われた経験や知識，判断力等によるところが大きいことが分かった．

参考文献

1) 国土交通省北陸地方整備局HP：新潟・中越地震災害情報
    http://www.hrr.mlit.go.jp/hokugi/hokugi_bousai/disaster/index3.html
2) 軌跡の復旧・建設技術者たちの闘い，相模書房，2005.10
3) 北陸地方整備局HP：「平成16年新潟県中越地震」災害状況について（第16報）
    http://www.hrr.mlit.go.jp/saigai/H161023/041023press_16th.pdf
4) 全日本建設技術協会HP：国道17号 和南津トンネル補修工事
    http://www.zenken.com/hypusyou/zenkensyou/h16/zk_16_01_douro07.pdf
5) 北陸地方整備局道路部HP：「平成16年10月新潟県中越地震」道路の被災と復旧
    http://www.hrr.mlit.go.jp/road/niigata_mid_eq/ver.2_04.12.01.pdf
6) 建設無人化施工協会HP： http://www.kenmukyou.gr.jp/index.html
7) 関東地方整備局甲府河川国道事務所HP：整備効果1，防災対策
    http://www.ktr.mlit.go.jp/koufu/michijoho/chubu/03.htm
8) 日本道路協会：道路震災対策便覧（震災復旧編）平成18年度改訂版，2007.3
9) 丸山喜久他4名：新潟県中越地震における高速道路被害状況と航空写真を用いた被害早期把握に向けた基礎的検討，土木学会論文集，2005.8
10) 長屋和宏他3名：CCTVカメラを活用した震後の現地状況把握の迅速化，土木学会地震工学論文集，pp.1355-1361，2007.8
11) 秦康範他4名：走行車情報を用いた災害時道路情報共有化に関する研究，土木学会地震工学論文集，pp.801-809，2007.8
12) 土木学会・地盤工学会災害緊急調査団：平成16年新潟県中越地震第一次調査団調査報告書
13) 土木技術：特集 応急復旧工法，60巻6号，2005.6.
14) 北陸地方整備局中越地震復旧対策室湯沢砂防事務所HP：平成16年（2004年）新潟県中越地震芋川河道閉塞における対応状況
    http://www.hrr.mlit.go.jp/yuzawa/sabo/chuetsu/pamphlet/pamphlet03.pdf

補遺 1：文部科学省の地震調査研究推進本部の活動

　地震調査研究推進本部では，地震に関する評価，調査観測の結果，報告書などを HP で公表している．地震に関する評価には，①毎月の地震活動に関する評価，②過去の主な地震活動の評価，③長期評価，④強震動評価，⑤地震動予測地図，⑥地震の評価に関する参考資料がある[1]．

　③の長期評価では 2009 年 1 月現在での，109 個の活断層の長期評価と 10 個の海溝型地震の長期評価（地震規模・発生確率・地震後経過率・平均活動間隔）が示されている．

　④の強震動評価では長期評価の結果をもとに，特定の地震が発生した場合，どのくらいの強い揺れに見舞われるかを予測している．

　⑤の地震動予測地図には全国地震動予測地図と長周期地震動予測地図がある．

　全国地震動予測地図[2]は，地震発生の長期的な確率評価と強震動の評価とを組み合わせた「確率論的地震動予測地図」と，特定の地震に対して，ある想定されたシナリオに対する詳細な強震動評価に基づく「震源断層を特定した地震動予測地図」の 2 種類の地図から構成されている．

　前者の確率論的地震動予測地図には，今後 30 年以内に震度 6 弱以上の揺れに見舞われる確率の分布図と，今後 30 年以内に 3％の確率で一定の震度以上の揺れに見舞われる領域図の 2 種類の予測地図がある．小さい確率の値に対して，例えば，3％はひったくり・すりに遭う確率であるなどと社会生活で遭遇する各種の危険性に関連づけての例示があり，その数値が小さくとも，何らかの対策を個人的に講じる必要性のあることをわかりやすく説明している．

　後者の震源断層を特定した地震動予測地図に関しては，各基準で定めていた設計地震力に準拠しつつも，個別の断層モデルや地域における確率分布をもとに，構造物ごとの設計地震動を考慮して設計する方向に向かっており，その参考になる資料である．

　長周期地震動予測地図[3]は，将来ある特定の地震が発生した際に生じる長周期地震動の揺れの強さや性質を予測した地図である．2009 年試作版では，想定東海地震・東南海地震，宮城県沖地震を対象として予測地図を作成している．

　（独）防災科学技術研究所が提供する地震ハザードステーション（J－SHIS）[4]では，地震動予測地図の各種地図の閲覧，数値データ等のダウンロードが可能である．

　また，地震調査研究推進本部政策委員会の成果を社会に活かす部会報告－地震動予測地図を防災対策等に活用していくために－[5]では，地震動予測地図に関する理解を深め，防災対策へ活用する際の手引きとしてもらうことを目的に報告書をまとめている．

　自然災害を防ぐためには，地域住民の意識改革が必要であり，今後の防災意識の向上が期待されている．

参考文献

1) 文部科学省地震調査研究推進本部：地震に関する評価，http://www.jishin.go.jp/main/p_hyouka.htm
2) 文部科学省地震調査研究推進本部：全国地震動予測地図
　　　http://www.jishin.go.jp/main/chousa/09_yosokuchizu/index.htm
3) 文部科学省地震調査研究推進本部：長周期地震動予測地図
　　　http://www.jishin.go.jp/main/chousa/09_choshuki/index.htm

4） 地震ハザードステーション（J－SHIS）： http://www.j-shis.bosai.go.jp/
5） 文部科学省地震調査研究推進本部政策委員会：成果を社会に活かす部会報告，2005.3.23
http://www.jishin.go.jp/main/seisaku/hokoku05d/seika1.pdf

補遺2：地震の大きさ及び活断層の性質

地震の大きさを示す指標には，マグニチュード（M）が使用される．ただし，このマグニチュードには数種類あり，同じ地震に対しても，数値が微妙に違っている．ここで整理しておく．

まず，日本の新聞・テレビなどで使われているマグニチュードは，気象庁マグニチュードというべきものであり，日本でのみ使われている．その定義は，次式による．

$$M = \log A + 1.73 \log \Delta - 0.83$$

ここに，A：気象庁地震計による水平軸最大片振幅(ミクロン)，Δ：震央距離，である．

最近では，次式のモーメントマグニチュード M_ω が国際的な指標として用いられている．

$$M_\omega = (\log M_0 - 16.1)/1.5$$

ここに，M_0 は地震モーメントといわれる物理量で，$M_0 = \mu LWD$ (dyncm)で計算される．ここに L は断層の長さ，W は断層の幅，D は永久変位，μ は剛性率である．

他に，表面波マグニチュードや実体波マグニチュードなどもある．これらの値は少しずつ違っており，注意が必要である．

活断層とは，日本では第四紀（約180万年前以降）または第四紀後期（約数十万年前以降）より繰り返し活動していて，今後も活動すると予想される断層と定義されている．活断層の動き方として，これまでに知られている事項を整理すると以下のようである[1]．

- 活断層はいつも同じ向きにずれる（逆断層，正断層あるいは横ずれ断層）．
- 断層の活動間隔やずれの量（地震の規模）は断層ごとにほぼ決まっている（固有地震説）．
- 活動の活発な順に，Aからのアルファベットでよばれており，A級断層は1,000年に1回，B級は1万年に1回程度は動くと考えられている．ずれの累積速度はA級断層で1,000年に1m，B級断層で1万年に1m程度である．
- 変位量Dとマグニチュード M の関係は，次式で表せるとされている．
  Log D＝0.6M－4　（この式によれば，M8でD＝6mとなり，M7ではD＝1.5mとなる．）
- 長い断層ほど大きな地震を起こし，両者の関係は次式で表現される．
  Log L＝0.6M－2.9　（この式によれば，80kmの断層が動けばM8の地震となる．）

参考文献
1）島崎邦彦・松田時彦編：地震と断層，東京大学出版会，1994．

補遺3：気象庁の震度階級

3.1 震度（階級）とは

　地震の大きさを示す指標はマグニチュード（M）であるが，地震動によってその場所で感じる揺れの大きさを震度階級（通常，震度と略称）[1]という．この震度はその場所における地震による被害と関連する．1995年阪神・淡路大震災までは，震度は体感や周囲の状況から推定していた．また，最大震度階級である震度7は木造家屋の倒壊率30%以上と規定されていたので，気象庁職員が現地調査を行ってからようやく震度7の地域が特定されていた．これでは初動調査には間に合わない．現実に阪神・淡路大震災のときに震度7の地域が発表されたのは，地震発生から3日後であった．震度6以下は気象庁職員の判断で即決されていたが，同じ揺れでも，昼間の勤務中と夜間の仮眠中の判断に差が生じることの不都合も指摘されていた．

　阪神・淡路大震災をきっかけに，地震計で観測した記録（加速度）から震度が判定できるように震度の定義が変更された．これを計測震度という．1996年4月以降は，計測震度が発表されている．計測震度を測定する地震計のことを計測震度計と呼び，地震によって惹起された加速度が測定され，次節に示す算出方法で計測震度が算出される．地震観測点は気象庁や，（独）防災科学技術研究所，地方自治体によって全国各地に配置されている．

　現在の気象庁の震度階級は，震度0から震度4までの5階級と，震度5弱・震度5強・震度6弱・震度6強・震度7の5階級の計10階級となっている．被害が深刻となる震度5と6に対し，それぞれ弱と強の2ランクを設定したことも計測震度になってからである．

3.2 計測震度の算出方法

　震度階級は地震の被害と直結すべき指標であるのが望ましく，単に観測された加速度の最大値で決められるような単純なものではない．計測震度計の内部で行われる計算の概要を記すと以下のようである[2]．

　加速度記録の3成分（水平動2成分，上下動1成分）に関し，それぞれ周波数スペクトルを求め（フーリエ変換），地震波の周期による影響を補正するフィルターを掛けて，それらを時刻歴波形に戻す（逆フーリエ変換）．その後，得られた3成分の波形をベクトル的に合成する．

　ベクトル合成波形の絶対値がある値a以上となる時間を計算したとき，その合計がちょうど0.3秒となるようなaを求める．このようにして求めたaを用い，式（1）からIを算出する．

$$I = 2 \log a + 0.94 \quad \text{（小数第3位を四捨五入，小数第2位を切り捨て）} \tag{1}$$

この値Iを計測震度とする．この算出方法からわかるように，計測震度は最大加速度には直接的には比例せず，加速度の時間積分，すなわち速度に関係した指標であるともいえる．これは実際の構造物の被害が，加速度とともに速度の大きさにも依存するという経験的知見を取り入れたものと解釈できる．計測震度と震度階級との関係は表－3.1のように決められている[2]．

　図－3.1に，震源と震度表示の一例を示す[3]．

表-3.1 気象庁震度階級表

計測震度	0.5	1.5	2.5	3.5	4.5	5.0	5.5	6.0	6.5
震度階級	0	1	2	3	4	5弱	5強	6弱	6強	7

（注）表中の2重罫線はその左側が未満，右側が以上を示す．震度2は計測震度1.5以上2.5未満．

3.3 震度階級関連解説表

気象庁震度階級関連解説表[4]によれば，人の体感・行動，屋内の状況，屋外の状況，木造建物（住宅）の状況，鉄筋コンクリート造建物の状況，地盤・斜面等の状況，ライフライン・インフラ等への影響，大規模構造物への影響が震度階ごとに示されている．

例えば，人の体感に関して，
- 5弱では大半の人が，恐怖を覚え，物につかまりたいと感じ，
- 5強では大半の人が，物につかまらないと歩くことが難しいなど，行動に支障を感じ，
- 6弱では立っていることが困難になり，
- 6強以上では立っていることができず，這わないと動くことができない．また，揺れに翻弄され，動くこともできず，飛ばされることもある，

と記載されている[4]．

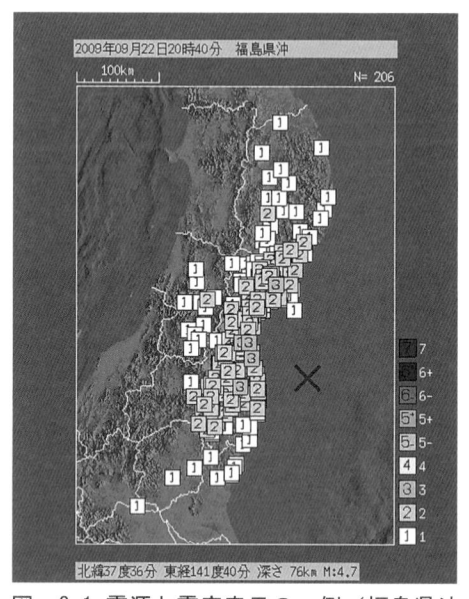

図-3.1 震源と震度表示の一例（福島県沖，M4.7，最大震度3，2009年9月22日）[3]

また，鉄筋コンクリート建物に関しては，耐震性が低い建物では震度5強で，耐震性が高い建物でも震度6弱で，壁・梁・柱などの部材にひび割れ・亀裂が入ることがあるとしている．さらに，耐震性が低い建物では震度6強で1階あるいは中間階の柱が崩れ，倒れるものがあり，耐震性が高い建物でも震度7になれば，1階あるいは中間階が変形し，まれに傾くものがあるとしている[4]．ここに，耐震性が低い建物とは1981年以前の建物を指し，1982年以降は耐震性が高い傾向にある．

さらに，鉄道や高速道路などでは，震度4程度以上の揺れがあった場合には，安全確認のため運転見合わせ，必要に応じて速度規制・通行規制が各事業者の判断によって行われる．

参考文献
1) 気象庁：震度について，http://www.jma.go.jp/jma/kishou/know/shindo/shindokai.html
2) 気象庁：計測震度の算出法，http://www.seisvol.kishou.go.jp/eq/kyoshin/kaisetsu/calc_sindo.htm
3) 気象庁：震度に関するデータ，http://www.seisvol.kishou.go.jp/eq/index.html#data
4) 気象庁：震度階級関連解説表，http://www.jma.go.jp/jma/kishou/know/shindo/kaisetsu.html#rc

補遺4：台湾921集集地震の特徴と被害概要

4.1 はじめに

1999年9月21日午前1時47分に台湾中部の集集（日月潭西方12.5km）において，後に921集集地震と名付けられた内陸直下地震（震源深さ6.99km，内陸浅層地震）が発生した．マグニチュードは7.3（M_L，台湾中央気象局発表）で，その破壊力は大きく，震央付近の南投県や台中県では被害が甚大で，台北市にまでその被害は及んだ．断層変位による被害の多いことが本地震の被害の特徴である．この地震は台湾中部地区の車籠埔断層他が動いたもので，地表面約80kmにわたって断続的に断層が確認されている．

本文は編著者らの同地震調査報告書[1]から，特に断層による被害を抽出し，台湾で当時どのような議論が行われたかを紹介し，今後のわが国の断層変位対策に資することとする．

4.2 断層分布

本地震は車籠埔断層と大茅埔－雙冬断層が原因であるとされているが，どちらの断層が先に動き出したか，あるいは同時に動いたのかについては，はっきりしない．地震後の調査により，車籠埔断層の位置は確認されており，その延長は約80kmに達している．断層の種類としては東西方向の応力を受けて圧縮され，東側の地表が西側の地表の上に上がった「逆断層」である（図－4.1参照）．

台湾経済部中央地質調査所が発表している活断層は51個あり，3種類に分類されている．第一類は過去1万年の間に活動した証拠のある活断層（9個），第二類は地表に変形や移動跡があり，過去10万年の間に活動したと思われる断層（15個），第三類は活断層の特徴を持ってはいるが，質的な資料が存在しない断層である．今回動いた2つの断層は第二類であった．台湾付近のプレート境界線は明確でないところがあるが，プレート移動による変形が台湾島に集中しており，台湾では常に大地震の恐れがあるといえる．

4.3 観測波形の特徴

1995年兵庫県南部地震を教訓として，台湾には本地震発生当時，500個の加速度計が設置されており，貴重な時刻歴波形が記録された．図－4.2に主な地震観測地点及び地盤残留変位の分布を示す．

今回の地震で最大の989.2ガル及び2番目の983.0ガルという地表面水平加速度を記録したTCU084とTCU129は，直線距離で震源の北北西約5km，及び西北西約13kmに位置しており，震源に近い．TCU084は，卓越周波数約1.2Hz，5％減衰の最大応答加速度3,500ガル，

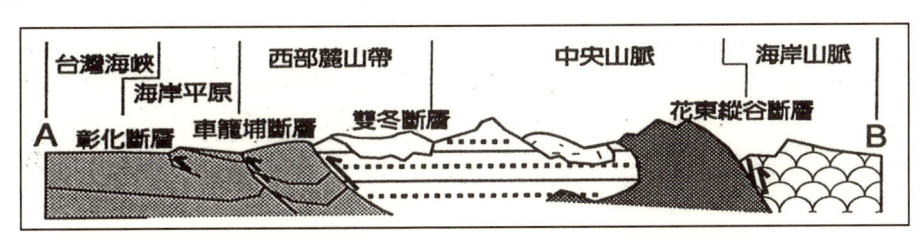

図－4.1 台湾中部における東西方向の断面図[2]

最大応答速度490cm/sであり，TCU129は約3.2Hzをピークに広範囲の高周波数領域が卓越した振動で，5%減衰の最大応答加速度2,500ガル，最大応答速度115cm/sである．どちらの記録も東西方向が卓越した水平動で，これは断層線に対しほぼ直角方向である．また，最大鉛直加速度と最大水平加速度の比は，TCU084で0.43，TCU129で0.34となっており，震源に近い観測値の比の方が大きいが，阪神・淡路大地震で観測された比率ほど大きくはなく，海洋プレート型で観測されている値に近い．

　TCU079は，最も震源に近い観測点（直線距離約3km）での記録であるが，最大水平加速度は579.8ガルであり，前2者に比べてかなり小さい値である．TCU068及びTCU052は直線距離で震源の北方それぞれ，約44kmと37kmに位置する観測点であるが，断層変位が大きく現れた地域に位置している．加速度波形はいずれも長周期のパルス状であり，水平加速度の最大値はTCU068で501.6ガル，TCU052で438.7ガルと震源から遠いため，震源近傍の記

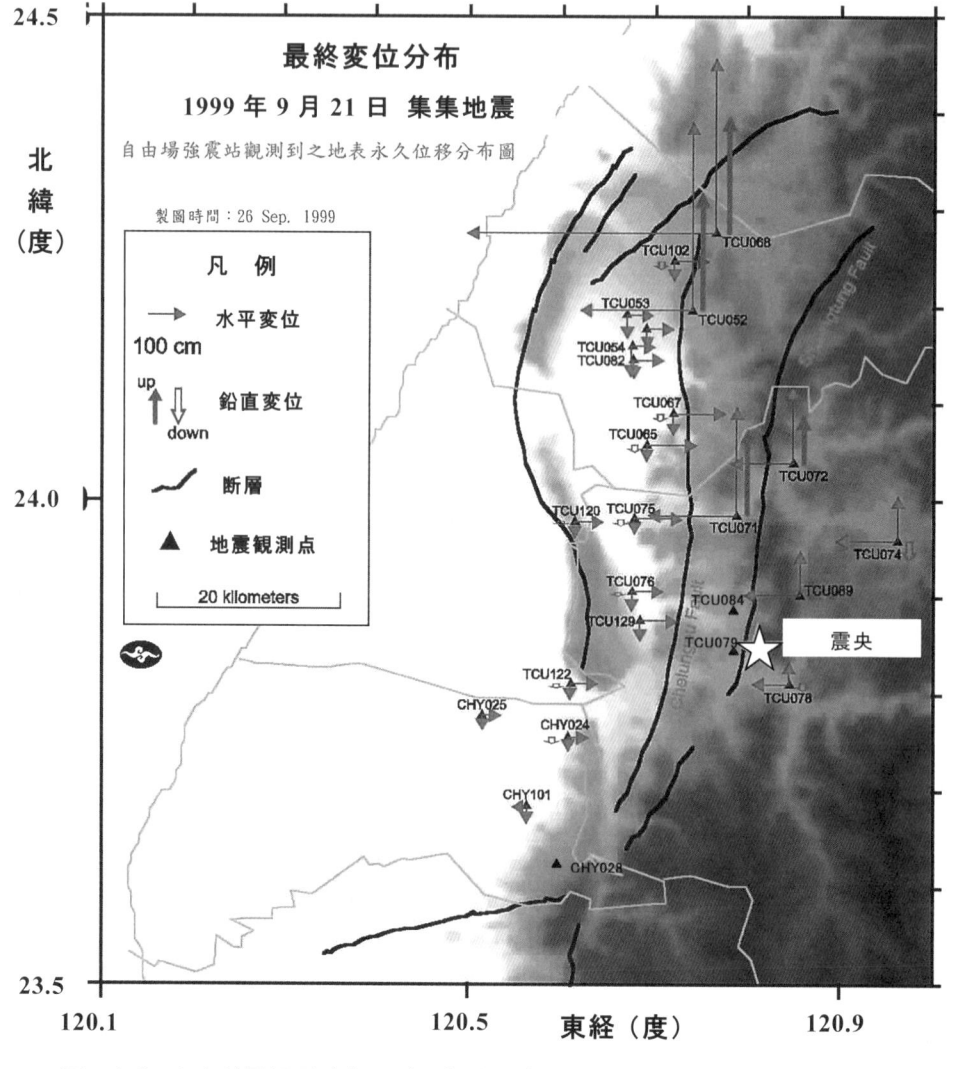

図−4.2　主な地震観測地点及び地盤残留変位の分布（台湾交通部中央気象局）

録よりかなり小さい．しかし，応答変位は極めて大きく，5%減衰の周期10秒の応答変位はTCU068で5.1m，TCU052で3.5mとなっている．

4.4 断層線・断層箇所と被害箇所

今回の地震の特徴は断層線が地表に明瞭に現れたことである．図-4.3 は確認された断層線の位置と，主な被災箇所を示している．図にみられるように主な被災はすべて断層上かその近傍で発生している．以下，断層が地表に現れた地点の状況と，個別の被害の状況を述べる．

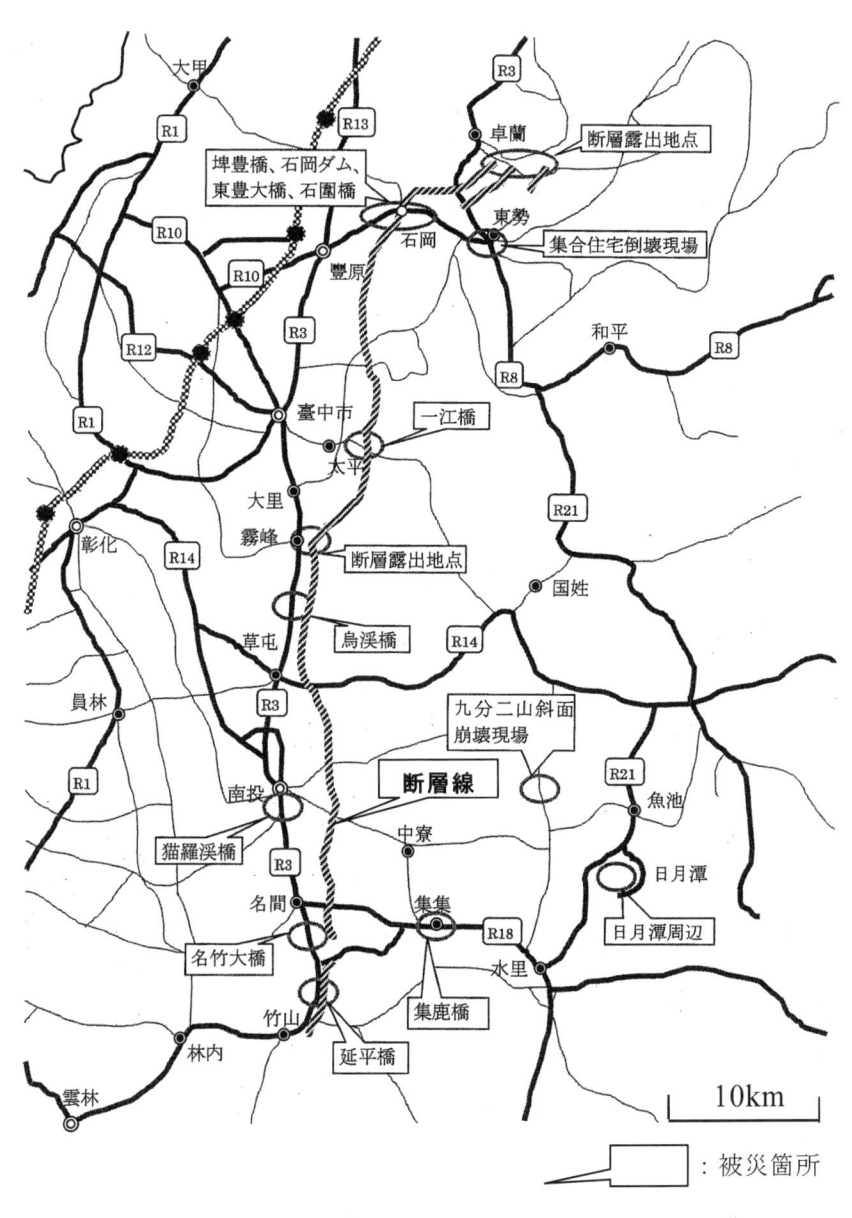

図-4.3 確認された断層線の位置と主な被災箇所[1]

4.5 道路の被害

断層が道路を横切って数mにわたる段差が生じても，土工によって道路の勾配をなだらかにするだけで通行可能となるので，応急復旧は早かった．落石や土砂が道路幅の半分を塞いでいるような道路で，単車線しか残っていない場合でも交通を解放していた．

断層変位により生じた段差を修復して交通を復旧させている道路の状況を写真－4.1 及び4.2 に示す．写真－4.1 の隆起高は約5m，長さは約140m であった．

写真－4.3 は写真－4.1 の南西側の山を撮影したものであるが，断層の通過によって山頂部が崩落している．このような稜線の段差は日本においても見られるところである．

4.6 橋梁の被害

この地震で台中縣と南投縣では一部の重要な橋梁が破損し，救援活動にも大きな影響がでた．台湾交通部によれば，600ヵ所の区間で破損し，60橋余の橋梁の被害が甚大であった．落橋原因は，地震動の影響によるものの他，断層の通過によるものが多く，河床の液状化により橋脚が傾斜したためと思われる橋もある．以下，断層変位による代表的な橋梁の被災状況を述べる．

(1) 碑豊橋（写真－4.4）

豊原市豊勢路に架かる1991 年竣工のPC4 主桁橋である．径間長は約25m で，12 径間の長い橋である．左岸側2 橋脚目の真下付近を車籠埔断層が通過したため，この橋脚は完全に転倒した．1 番目の橋脚は断層の隆起側にあり，ほぼ無傷で直立していた．これにより上部工3 径間が落橋した．3 本目の橋脚より右岸側は落橋もなく，損傷も生じていないと思われる．断層の通過により河床に段差ができて川が滝となって流下していた．

(2) 一江橋（写真－4.5）

太平市にある県道129 号上の橋である．竣工は1972 年．全長264m．車籠埔断層の通過で付近は約3.5m 隆起している．24 径間のうち7 径間の桁が落下．橋脚の間隔は約11m と短い．完全倒壊の橋脚は1 基，フーチングと共に大きく傾斜した橋脚も1 基で，他の橋脚はほぼ直立しているが，隆起と沈下が生じたことにより，桁が落下したものと思われる．

(3) 名竹大橋（写真－4.6）

南投縣の国道3 号に架かる1990 年竣工のPC 桁橋で，径間長25m，橋長700m である．

写真－4.1　卓蘭鎮における道路の隆起　　写真－4.2　国道を横切る断層（名間市）

写真-4.3　断層の通過による山頂の崩壊（卓蘭鎮）

写真-4.4　碑豊橋の左岸側橋脚（隆起），3径間落下

写真-4.5　一江橋の桁落下状況（手前の橋脚は建設中）

写真-4.6　名竹大橋の桁落下状況

車籠埔断層の通過により7径間が落橋した．RC橋脚は基部に損傷を受けると共に柱頭部の横桁も落下している．

　橋梁の被害原因は，①断層帯に架設していること，②構造設計の不適切さ，③施工不良とされている．②では，設計地震力の不足，強度評価上の問題，構造細目の不適切さ，③では，鉄筋の接合位置の不適切さなどが指摘されている．今後の対応策として，①将来の橋梁架設は断層帯を回避すべきこと，②断層と接近している橋梁は強制変位を考慮した設計を行うこと，③建築・橋梁の設計基準の再検討，④既設の古い橋梁の耐震性評価の実施，⑤建設工事と監督の改善，などが挙げられている．

4.7　ダムの被害

　台中県東勢鎮と石岡郷の境を流れる大甲渓にある石岡ダムが，断層線の通過により河床にできた段差のため断裂した．同ダムは，18門の溢洪道閘門と2門の排砂道閘門を有し，全長は306.4mである．大甲渓の左岸側が9.8m隆起したのに対し，右岸側の隆起は2.1mで，7.7mの段差が右岸に近い河床で生じて3つの閘門が破壊した（写真-4.7，4.8）．貯水容量270万トンのうち，地震前には200万トンの水量を擁していたが，閘門破壊によって貯水量のほとんどが流出した．また取水管の隆起によって飲料水の取水が不能となった．

4.8 建築の被害

建築物の被害は断層変位によるものと，地震動によるものの2つに大別される．ここでは断層変位より被災した建築物を示す．写真－4.9は台中県霧峰中郷の光復国民中学校の被災校舎であるが，断層が斜めに校舎を横切っている．段差は60cm程度であるが3階建ての校舎が完全につぶれている．写真－4.10は隣接する3階建て校舎の被災した柱である．直径約20mmの異形鉄筋と約9mmの帯鉄筋からなるが，柱は細く，帯鉄筋の間隔は広すぎる．

4.9 断層近傍地域の建設に関する議論

(1) 学校建築への対応

「台北報道」によれば、921集集地震で台湾中部の多数の小中学校に被害が発生し，活断層の両側100mの範囲にある20校の学校は全て甚大な被害を受けた．中部以外にも台湾では44校が活断層の上にある．台湾教育部は、活断層の両側100mの範囲内にあり被害が甚大な20校を全て移転することを表明した。同じく活断層の両側100mの範囲内にある他の44校の学校は建築物の耐震評価を行って，必要に応じて耐震補強を施すこととした．

また，将来的には，活断層の両側50mの範囲内には学校の建設を禁止する．この決定は，

写真－4.7　破壊した16～18号の閘門　　　写真－4.8　隆起したダムを臨む

写真－4.9　中学校舎の破壊　　　写真－4.10　中学校舎の柱の破壊

1998年の瑞里地震後，活断層の両側15m範囲内の学校を移転して，50m範囲内の学校建物を補強することとした処置を今回の地震被害に照らし拡張したものである．これらの判断は，断層の破壊力を人類の能力で抑止することはできず，従って一番良い回避方法は，断層を回避して建設することであるという判断である．断層付近の各学校には防災教育や緊急対応訓練を促し，定期的に校舎の耐震性の検査を行うことなどを建議した（1999年10月7日連合報朝刊）．

(2) 一般建築物を車籠埔活断層の上に再建することの可否論争

断層線から幅50mぐらいの位置にある建築物などは全て崩壊した．したがって台湾大学地質系の教室では，出来るだけ早く車籠埔活断層の位置を確定して，再建時には断層上と断層付近地区（例えば両側50m）を回避することを政府に建議した（1999年9月26日，連合報）．また，中央大学地球物理研究所の研究員によれば，例えば，車籠断層の沿線の市・町・村には断層の東西両側15～20mの範囲内では建設を禁止すべきであると意見を述べている（1999年9月28日，中国時報）．

しかし，大茅埔－隻冬断層と車籠埔断層は921集集地震により大量のエネルギーを発散したので，次の大規模な断層発生は100年以後のことであり，危険性は現在そんなに大きくなく，経済的な面を考えると建設禁止の範囲は大きくなくてもよいとする意見もある．両断層の長さはそれぞれ約80kmであり，断層の両側100mの範囲内における建設を禁止すれば，膨大な面積の土地が使用できなくなる．特に車籠埔断層が通過している市・町は台中縣の重要な地区であり，その影響は甚大である（1999年9月30日，連合報朝刊）．

4.10 おわりに

921集集地震において顕著であった断層変位による被害を概観した．本文で述べたように，この地震は地表に現れた断層によって多くの構造物や道路が被災すると共に，大規模な斜面崩壊によって多くの人命も失われている．断層近傍における構造物の規制や耐震基準の強化は，難しい問題である．日本において地表面に現れた断層崖としては，1891年の濃尾地震（M8.0）における根尾谷断層（上下差約6m）が有名である．このような断層崖にどのように対応していくかは，わが国でも真剣な議論が必要である．

編著者は集集地震の調査後，専門としている橋梁分野の断層変位対策を研究するため，2つの委員会でいろいろな調査を行った．その成果は文献2），3）に詳しく述べられているので御参照いただきたい．

参考文献

1) 九州大学大学院工学研究科建設システム工学専攻建設振動工学研究室：921集集地震(台湾)被害調査報告書，2000.2
2) （社）日本コンクリート工学協会・九州支部：断層変位を受けるコンクリート系橋梁の耐震安全性に関する研究専門委員会報告書，2002.11
3) 土木学会地震工学委員会：「断層変位を受ける橋梁の計画・耐震設計に関する研究小委員会報告書，2008.7

補遺5：地震後の身体の管理と地震関連死

5．1　地震後の行動と身体の管理

　大地震が発生したあとの身体の管理に関しては，兵庫県南部地震と新潟県中越地震の両方を経験した医師による著作 1) に詳しい．同書を参考にして，地震発生後の時間を地震発生～5分後，5分後～2日後，3日目以降の3つの区分に対して，取るべき行動と応急処置などを要約すると表－5.1のようである．

表－5.1　地震後の身体の管理 [1]

	地震発生～5分後	5分後～2日後	3日目以降
取るべき行動	・明かりを確保する ・ドアを開けて道を確保する ・頭や足を保護する	・非常用食料・飲料水の備蓄 ・トイレの確保	・定期的な運動
医学的処置と留意点	・心拍停止・心室細動・窒息・出血・火傷などに対する応急処置	・急性心筋梗塞・不整脈・脳卒中などの地震関連死に対する対処	・生活習慣病への対処

(1)　地震発生～5分後 [1]

　大地震が来て大きく揺れている間は，ほとんどの人は足元がすくんで動けないと思われる．しかし，揺れが収まって5分以内には，表にあるような行動が必要である．

　中越地震のように，暗くなってから避難する場合には明かりが不可欠である．大地震が発生すると，必ずといってよいほど停電するので，逃げようとする場合に，暗闇の中で頼りになるのは懐中電灯などの明かりである．懐中電灯は，寝室内の揺れても放り出されない場所に，きちんと固定しておく．電池の有効期限にも注意する．また，逃げ道を確保することが重要である．ドアの開口部の変形が大きいと，ドアが開かなくなる．阪神・淡路大震災でもこのケースが多発している．できれば揺れを感じた瞬間にドアだけは開けるようにする．揺れが収まってもドアを閉めず，少し開けておけば，余震で避難する際の備えにもなる．さらに，地震の場合，天井，屋根，壁などが落ちてきて頭に傷を受ける危険性があるので，避難するときは頭を保護する必要がある．ガラスや陶器などの破片が床に散乱していることが多いので足回りの装備も重要である．

　地震発生後に，怪我人や病人をどう助けたらよいか，あらかじめ表に述べる応急手当等を習得することが勧められている．心拍停止の場合は心肺蘇生術と心臓マッサージを組み合わせて行う．心肺蘇生術では，蘇生術を行う者が口移しで患者の口に空気を吹き込む．心臓マッサージは胸骨を両手で押し，心臓を収縮させる方法である．心室細動とは心臓が毎分200回程度拍動し，回数が多すぎて心臓から血液が出て行かない状態をいう．急な心臓停止の多くはこの心室細動であるといわれている．胸の上から体外式心室除細動器（AED）を使って電気的なショックを与えて治す．このAEDは最近，人の多く集まるところでの設置が義務付けられている．

気道に物を詰まらせた窒息症状にはハイムリック法（下記（3）の①）が効果的である．

（2） 5分後～2日後[1]

　地震発生から48時間が生死を分ける時間帯と言われている．この時間帯を乗り切れば一安心できる．新潟県中越地震において孤立した山古志村の住人1,930人も，48時間後には全員が自衛隊のヘリコプターで長岡市に避難できた．

　普通の大人であれば48時間程度なら，食事の量が減っても大きな問題にはならないといえる．ただし，飲料水の確保は必要である．排泄量を抑制するため，サプリメントの代用も考えられる．人間にとってトイレは不可欠である．ポータブル簡易トイレを準備しておくことも必要かもしれない．

　この時間帯には，地震を契機に発病し死亡するという地震関連死が生じる可能性がある．代表的なものとして，急性心筋梗塞，不整脈，脳卒中などがある．兵庫県南部地震では，急性心筋梗塞（②）の発生率が通常の3倍にまで増え，新潟県中越地震でも死者が出ている．地震後という特殊な状況での中では，患者の発症は見つけにくく，仮に見つけられても交通手段が寸断されているため，素早く医療機関に搬送することも難しい．こうした事態に陥らないためには，普段からの健康管理が重要である．また，不整脈（④）を防ぐためには，地震後の活動を自分なりに制限することが肝要である．脳卒中（⑤）は，とくに地震など突然の変化が起こって興奮したときに生じやすい病気であり，突然，身体のバランスを失って倒れてしまう．日ごろの健康管理によって，動脈硬化や高血圧を防ぐことが肝要である．

（3） 3日目以降[1]

　地震発生後2日ほど経ってやや落ち着いてくると，疲労がしだいに溜まり，身体面では急性の病気にかわって，慢性的な生活習慣病が問題となってくる．震災のような緊急時にも，きちんと治療を続けていくことが必要である．また，新潟中越地震では車での寝泊りが引き金となり，エコノミークラス症候群（⑤）によって8人もの犠牲者が出ている．車に泊まる理由として，自宅の崩壊・避難所の問題などが指摘されている．エコノミークラス症候群は手足を十分に動かすように努めることと，水分を十分に摂取することで予防できる．

① ハイムリック法とは窒息している人の背後に立ち，その人の腰の周りに両手を回して，握りしめた拳を相手の腹に強く当てて素早く上に押し上げ，これを異物が気道から吐き出されるまで，繰り返し行う方法である．
② 急性心筋梗塞とは，心臓の筋肉（心筋）に血液を送る冠状動脈が急に詰まり（梗塞し），その先に血液が行かずに心筋が壊死する病気である．
③ 不整脈は大きく分けて2種類あり，1つは脈が異常に速くなる頻脈性不整脈で，この型で起きる心室細動は最も危険な不整脈で突然死の原因となる．もう1つは脈が異常にゆっくりとなる徐脈性不整脈で，この型では突然死の可能性は少ないといわれている．
④ 脳卒中は，脳梗塞（脳梗栓と脳血栓），脳内出血，クモ膜下出血に分けられる．
⑤ エコノミークラス症候群とは，狭い座席などに座りっぱなしで同じ姿勢でいることで足に血栓

ができ，これがはがれて流れていき，肺動脈にひっかかって肺動脈血栓症を引き起こすというものである．

5.2 地震関連死について

　地震関連による死者（震災後関連疾病死者）とは，災害発生後に疾病により死亡した人の内，その疾病の発生原因や疾病を著しく悪化させたことについて，災害と相当の因果関係があるとして関係市町に設置された災害弔慰金判定委員会で災害による死者とされた人のことを言う．兵庫県南部地震と新潟県中越地震における関連死について，簡単に述べる．

(1) 兵庫県南部地震における関連死

　阪神・淡路大震災において消防庁が確定している死者数は 6,433 人であるが，これは，直接死及び関連死の総数であり，その内訳は不明である．これに対し兵庫県の発表している県内死者数は 6,401 人で，その内訳として直接死 5,483 人（85.65%），関連死 919 人（14.35%）としている[2]．

　直接死の主な死因は，窒息・圧死 72.57%（3,979 人），外傷性ショック死 7.75%（425 人），焼死 7.35%（403 人）などとなっている．これに対し，間接死の死因は肺炎 24.2%，心不全 15.5%，心筋梗塞など 10.3%，呼吸不全など 7.7%，脳梗塞 4.6%，脳内出血 4.5%，腎不全 4.2%，肝硬変など 2.1%，気管支炎 1.7%などである．その発生数の推移は累計で，1 月 19 日 8.5%，同 31 日 39.8%，2 月 28 日 72.1%，3 月 31 日には 86.8%に達し，以後緩やかに増加し 12 月 31 日に 99.5%となっている[3]．

(2) 新潟県中越地震における関連死

　阪神・淡路大震災では総死者に対する関連死の割合は 14.35%であったが，中越地震では関連死が目立った．すなわち，総死者数 68 人（2007 年 8 月 23 日時点）に対し，直接死 16 人，間連死 52 人（76.5%）であり，しかもこれまでには例のなかった車中死（エコノミークラス症候群）が多数報告された．

参考文献

1) 田村康二：「震度 7」を生き抜く，祥伝社新書，2005 年
2) 兵庫県：阪神・淡路大震災の死者にかかる調査について，
　　http://web.pref.hyogo.jp/pa20/pa20_000000016.html
3) 木村玲欧：中山間地域を襲う災害や犯罪から「いのち」を守る，講演資料，2009.8.18
　　http://www.pref.nara.jp/secure/8981/kimurananwa.pdf

補遺6：地震後のこころのケア

6.1 はじめに

　阪神・淡路大震災後にこころのケアが注目された．地震はインフラや建物などへの被害だけでなく，被災者のこころにもダメージを与えるという新たな視点によるもので，精神的なダメージを受けた被災者への取り組みを表現している．また，それ以前にはほとんど触れられることのなかった，PTSD（Post Traumatic Stress Disorder，外傷後ストレス障害）という病態も，国民に広く知られるようになった．

　ここでは，地震による被災者のこころの被害，特に被災者のその後の生活にも甚大な影響を与える PTSD に着目し，行政・専門家の対応，この疾患への対処法について述べる．

6.2 PTSD とは

　PTSD は 1980 年のアメリカ精神医学会の診断基準において初めて定義された．当時のアメリカではベトナム戦争からの帰還兵士の社会への適応性の低下が問題となり，トラウマ体験による精神疾患の研究が進められるようになった．その後，2000 年に診断基準の改定が行われ，現在では PTSD の診断基準は以下のようになっている[1,2]．

　A．命にかかわるような恐ろしい出来事に遭遇する
　B．再体験（原因となった出来事の記憶が意思とは関係なく繰返し思い出される）
　C．回避，感覚や感情の麻痺
　D．覚醒亢進（不眠やいらつき，過度の警戒，感情爆発，驚愕反応）

　上記の基準 B～D の症状が 1 ヵ月以上持続し（基準 E），自覚的な苦悩か社会的機能の低下が明らか（基準 F）な場合，PTSD と診断される．基準 B～D の症状があるが 1 ヵ月に満たない場合は，ASD（Acute Stress Disorder，急性ストレス障害）と診断される．

　PTSD では，他の精神疾患，例えば，解離性障害，うつ病・不安障害・アルコールや薬物などへの依存等を併発することが多いといわれている．特に解離症状はトラウマを受けた人に特徴的な症状であり，また，うつ病と並存する確率も高い．

6.3 地震被災における PTSD

　阪神・淡路大震災の被災 16 ヵ月後に行われた，被災地居住の企業職員を対象にした調査において，PTSD 相当事例は家屋全壊群で 9.6%，半壊群で 2.6%，一部損壊群で 3.4%，被害なし群で 1.1% と，発症率は住宅被害の大きさに比例していた[5]．また，総合病院内科受診者 106 例について被災後平均 73.1 日後に行った面接によると，PTSD の出現頻度は 19.8%，急性ストレス障害は 20.8% と高率である[5]．

　PTSD の症状は，前述の診断基準の通り，遭遇したトラウマティックな出来事の再体験，回避・麻痺症状，覚醒亢進症状からなる．再体験と回避の症状により，自らの意思とは関係なく，意識が原因となった出来事に囚われてしまうため，仕事が手につかなくなり，他人とのコミュニケーションが難しくなる．覚醒亢進の症状は，感情を抑え切れなくなることや，十分な睡眠をとれなくなることを引き起こす．そのため，発症者は精神的な疲労だけでなく，身体的な疲

労も蓄積させていく．このように，PTSDの症状は，患者が自立した社会生活を送ることを著しく阻害する．従って，PTSDが生じることが予測できる場合は，それを未然に防ぐための対策が必要である．

6.4 こころのケア

上述のように，兵庫県南部地震では被災者のこころの被害に注目が集まり，被災者のこころに目を向けた取り組みが行われ，こころのケアが世間の注目を集めるようになった．また，2004年10月の新潟県中越地震でもこころのケアの取り組みが行われた．ここでは，その2つの地震災害の際にどのような取り組みが行われたかについて見ていく．

(1) 兵庫県南部地震での取り組み

兵庫県南部地震による被害は甚大なものであったため，精神医療に携わる人の多くが，被災地での精神救護活動が必要であると感じていた．活動の必要性があると思われたのは，①被災地における既存の精神科診療所が地震の被害によって失った機能の補完，②被災によって新たに発生した精神的問題の解決，の2つの目的を達成するためである．その活動の一端を紹介すると以下のようである[3,4]．

地震発生直後から数ヵ月間，地元の保健所を中心とした精神医療ネットワークが中心となり，被災地外からのボランティアも加わって，10ヵ所の保健所に「精神科救護所」を設置し，独自性の高い地域活動が展開された．例えば，地震により精神科診療所が機能を失った地域では，保険所内で臨時の診療が行われ，精神科の医師が避難所を巡回（アウトリーチ）した．精神科救護所で扱った2,112例の精神科診断のうち，29.5%が神経症性障害，ストレス関連障害および身体表現性障害で，うち5.2%（全体比）をPTSDなどが占めたとされる[3]．

震災後およそ3ヵ月が経過した頃になると，被災者が地震によって新たに抱えたこころの問題への関心が高まり，阪神・淡路大震災復興基金を財源として「こころのケアセンター」[4]が設置された．その活動の一環として，避難所から仮設住宅に移った被災程度の大きい被災者たちへのこころのケアのため，巡回，診察が行われた．

(2) 新潟県中越地震での取り組み

ここでは，新潟県中越地震に対して，新潟大学医学部精神科が行ったこころのケアの取り組み[5]について紹介する．図−6.1にこころのケアチームの組織図を示す．震災が発生してすぐに被災地での精神科医療の一元化のために「こころのケアチーム」が編成された．まず「こころのケアホットライン」が開設され，地震から2日後にはケアチームが現地にて活動を開始した．既存の精神科診療所が失った機能の補完と，地震により新たに生じた精神的問題への対応と共に，被災者のケアを行う職員・スタッフの精神的問題も念頭に置かれた．

現地での具体的な活動内容は主に各避難所の巡回・診療であり，人口の多い小千谷市では県立精神医療センターと協力し，「こころのケア診療所」を開設して，震災前から精神科に通院していた患者への薬の処方が行われた．また，全村民が避難した山古志村では各避難所の巡回診察が行われ，治療が必要な被災者には，医療機関への通院が勧められた．12月には，初期の医療の目的を終えたため，精神疾患患者の早期発見等を目的とした中長期的なプランが策定された．

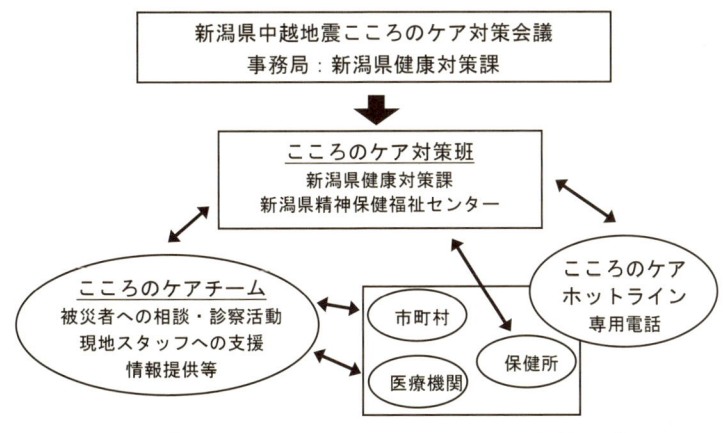

図-6.1「新潟県こころのケアチーム」の組織図[5]

6.5 こころの被害への対処法

ここでは地震災害によるこころの被害やPTSDへの対処法について述べる．被災者を取り巻く環境や心理状況は，時間の経過と共に変遷するため，その段階にあわせた適切な対応が必要である．

被災から数日の段階で，被災者同士が集まり，自分の体験した出来事や感じたことなどを話し合うディブリーフィングと呼ばれる手法が有効であると言われている[6]．また，患者が診療所等を訪れるのを待つのではなく，保健師や精神科医等の診療者側から被災者のもとに出向き，健康調査や話を聞くことでハイリスク者や治療が必要な人を見出すアウトリーチと呼ばれる取り組みも重要である．

次に，地震から数ヵ月が経過し，復興が始まる段階では，精神疾患があると診断された人に適切な診療を続けることは当然重要であるが，その他多くの被災者に対するこころのケアとしては，被災者が震災前と同じように，自ら社会的に自立した行動が取れるような環境を整える（セルフエンパワーメント）ことが重要であるといわれている[4]．被災者が自立できるような時期になれば，精神医療よりむしろ住まいの斡旋や経済的支援，身体の健康管理を充実させることなどに力を注ぎ，被災者の自助を促してやることがこころの健康を取り戻すことにつながると思われる．

参考文献

1) 松井豊：惨事ストレスへのケア，ブレーン出版，2005.3
2) 窪田文子：論考「日本におけるPTSD対策」，予防時報223号，2005.10
3) 兵庫県庁HP：復興10年総括検証・提言報告，第3編分野別検証，健康福祉分野，3．こころのケアの推進，http://web.pref.hyogo.lg.jp/contents/000038692.pdf
4) 兵庫県庁HP：こころのケアセンター，http://www.j-hits.org
5) 塩入俊樹：「こころのケア対策」，新潟医学会雑誌，第120巻1号，2006.1
6) 京都大学防災研究所：防災学ハンドブック，5.4こころのケア，朝倉書店，2001.4

あとがき

　地震防災に関する大学院の講義で，まえがきに掲載した課題ごとに分類した参考書リスト(後掲)を学生に提示し，学生の学習課題として選択させた．いわゆるポートフォリオ型授業で，最初に学生に達成目標を設定させ，最終的に学習内容をレポートにまとめさせ，達成度を評価させるやり方である．講義は学生の学習内容の発表を聴き，それに対するアドバイスを与えることを繰り返しながら，所期の目的にかなうレポートの完成に導いた．

　本書は 2 期分の学生レポートの内容を取捨選択して編著者の修正を施したものを骨子とし，それに編著者のオリジナル原稿を加えて完成させたものである．

　学生の多くは，インターネット上のホームページからも多くを引用してレポートを作成していたが，図表類の引用は最小限とし，アクセス先を参考文献として示しているので，読者自身がさらに多くの情報をそこから得られることを期待する．また，参考にさせていただいた多くの書籍も，引用を明記し参考文献として章ごとに記している．ここに謝意を表する．

　なお，出典明示のない写真は全て編著者の撮影によるものである．

　地震防災に関して必要と思われる広範な内容を一冊の書物にまとめた本書を，地震防災学の入門書として刊行できることは編著者の喜びとするところである．

　最後に，採用レポート提出の学生諸君の氏名を記し，彼らへの謝意とする．

レポート提出者リスト（括弧内は本書における章を示す）
2006 年度受講生：伊藤俊介（5 章）・梶原尚平（1, 9 章）・神田幸広（5 章）・後藤恵一（補遺 5）・坂口和弘（10 章）・中山 歩（5 章）・村上明子（10 章）
2008 年度受講生：池永貴史（2 章）・宇山友理（6,10 章）・川崎啓史（8 章）・坂口和弘（6 章）・中村 壮（9 章）・秦 逸平（補遺 6）・宮定龍司（1,3 章）・吉田佳太郎（7 章）

地震防災に関する参考書リスト

- **震災記録**
  - 地震災害の防止と対策地質学からの予見，守屋喜久夫著，鹿島出版会，初版 1978 年
  - 都市大災害　阪神・淡路大震災に学ぶ，河田惠昭著，近未来社，初版 1995 年
  - 阪神大震災の教訓「都市と建物を守るためいま何をなすべきか」，日経アーキテクチュア編，日経 BP 社，初版 1995 年
  - 土木が遭遇した阪神大震災，日経コンストラクション編，日経 BP 社，初版 1995 年
  - 大地震と都市災害，鹿島都市防災研究会編著，鹿島出版会，初版 1996 年
  - 阪神・淡路大震災調査報告共通・土木地盤・建築編，同編集委員会編，土木学会等，1996 年
  - 都市崩壊の科学追跡・阪神大震災，朝日新聞大阪科学部編著，朝日文庫，初版 1996 年
  - 阪神・淡路大震災誌，朝日新聞大阪本社震災誌編集会議，朝日新聞社，初版 1996 年
  - 都市直下地震　熊本地震から兵庫県南部地震まで，表俊一郎・久保寺章著，初版 1998 年
  - 日本の地震災害，伊藤和明著，岩波新書，初版 2005 年

- **地震動及び活断層関係**
  - 日本地震列島，尾池和夫著，朝日文庫，初版 1992 年
  - 地震考古学　遺跡が語る地震の歴史，寒川旭著，中公新書，初版 1992 年
  - 地震はどこに起こるのか，島村英紀著，講談社ブルーバックス，初版 1993 年
  - 大地動乱の時代－地震学者は警告する，石橋克彦著，初版 1994 年
  - 地震と断層，島崎邦彦・松田時彦著，東京大学出版会，初版 1994 年
  - 活断層，松田時彦著，岩波新書，初版 1995 年
  - 活断層とは何か，池田安隆・島崎邦彦・山崎晴雄著，東京大学出版会，初版 1996 年
  - 活断層調査から耐震設計まで，池田俊雄監修，鹿島出版会，初版 2000 年
  - 活断層大地震に備える，鈴木康弘著，ちくま新書，初版 2001 年

- **被害想定及び啓蒙書**
  - 東京直下地震，力武常次監修，毎日新聞社，初版 1991 年
  - 大地震が東京を襲う！そのときあなたはどこにいるか，溝上恵監修，中経出版，初版 1993 年
  - 徹底検証東京直下大地震，溝上恵著，小学館文庫，初版 2001 年
  - 東京大地震は必ず起きる，片山恒雄著，文春新書，初版 2002 年
  - 巨大地震の日　命を守るための本当のこと，高嶋哲夫著，集英社新書，初版 2006 年
  - DVD 日本に住むための必須！防災知識，土木学会，初版 2006 年

- **防災計画**
  - 地震防災と安全都市，鹿島都市防災研究会編著，鹿島出版会，初版 1996 年
  - 市民のための災害情報，難波桂芳著，早稲田大学出版部，1997 年
  - 地域防災計画の実務，京都大学防災研究所編，鹿島出版会，初版 1997 年
  - 「危機管理」の都市計画，西山康雄著，彰国社，初版 2000 年
  - 安全・安心の都市づくり，望月利男・中村一樹著，東京都立大学出版会，初版 2001 年
  - 安全・安心のまちづくり，日本建築学会編，丸善，初版 2005 年
  - これからの自治体防災計画，中村八郎，自治体研究社，初版 2005 年

- 都市防災学 地震対策の理論と実践，梶 秀樹・塚越 功編著，学芸出版社，初版 2007 年

・耐震設計・補強設計
- 地震と土木構造物，久保慶三郎著，鹿島出版会，初版 1981 年
- 地震と建築，大崎順彦，岩波新書，初版 1983 年
- 耐震構造への道，梅村 魁著，技報堂出版，初版 1989 年
- 耐震技術のはなし，永井達也著，日本実業出版社，初版 1995 年
- 第一線の設計者が語る耐震設計，大成建設建築構造わかる会編著，日本規格協会，初版 1996 年
- これからの耐震設計，日本建築構造技術者協会編，オーム社，初版 1996 年
- 地震に強い家づくり町づくり，日本建築学会編，彰国社，初版 1996 年
- 地震に強い土木　巨大地震に打ち勝つ最新技術マニュアル，日経コンストラクション編，日経 BP 社，初版 1996 年
- 阪神高速神戸線復旧への軌跡，日刊建設工業新聞社他編，阪神高速道路公団，初版 1997 年
- 地震とマンション，西澤英和・円満寺洋介著，ちくま新書，初版 2000 年
- 実践耐震工学，大塚久哲著，共立出版，初版 2004 年
- 大震災から学ぶ都市高速道路における地震対策，阪神高速道路（株）・都市高速道路研究会監修，電気書院，初版 2005 年

・震前対策
- 地震対策と災害復旧工法　地震対策編，建設省河川局防災課監修，山海堂，初版 1987 年
- 道路震災対策便覧（震前対策編），日本道路協会，改訂版 2002 年
- 地震イツモノート，地震イツモプロジェクト編，渥美公秀監修，初版 2007 年，木楽舎
- 企業の災害対策と事業継続計画　セコム(株) 監修，リックテレコム，初版 2007 年

・避難行動
- 大地震そのときどうする，山村武彦著，五月書房，初版 1990 年
- 大地震今日からできる生活革命，山村武彦著，五月書房，初版 1995 年
- 大震災サバイバルマニュアル，朝日新聞社編，朝日文庫，初版 1996 年
- 人はなぜ逃げおくれるのか　災害の心理学，広瀬弘忠著，集英社新書，初版 2004 年
- 「震度 7」を生き抜く　被災地医師が診た教訓，田村康二著，祥伝社新書，初版 2005 年

・震後対策関係（救援・復旧・復興）
- 地震対策と災害復旧工法　災害復旧工法編，建設省河川局防災課監修，山海堂，初版 1987 年
- 阪神・淡路大震災／官災・民災／この国の責任，高見裕一著，ほんの木，初版 1995 年
- 災害救援，野田正彰著，初版 1995 年
- 道路震災対策便覧（震後対策編），日本道路協会，改訂版 1996 年
- 道路震災対策便覧（震災復旧編），日本道路協会，改訂版 2002 年
- 百年の忘却ライフクライシス，山下 亨著，近代消防社，初版 2003 年
- 阪神・淡路大震災向き合い続けた 10 年，メモリアルコンファレンスイン神戸編，神戸新聞総合出版センター，初版 2004 年
- 阪神・淡路大震災 10 年－新しい市民社会のために－，柳田邦男編，岩波新書，初版 2004 年

索引

あ 行

IAEA（国際原子力機関）・・・・・90
INES（国際原子力事象評価尺度）・・・90
アウトリーチ・・・・・・・・・81
アルメニア地震（1988年）・・・・41
安政東海地震（1854年）・・・・・4
安政南海地震（1854年）・・・・・4
安全都市づくり・・・・・・・・31
茨城県沖地震（2005年）・・・・・69
岩手・宮城内陸地震（2008年）・・1, 70
ASD（急性ストレス障害）・・・・・109
液状化
　－対策・・・・・・・・・・42
　－による被害・・・・・・・・42
　－予測図・・・・・・・・・43
エコノミークラス症候群・・・・・107
SIセンサー・・・・・・・・・50
S波・・・・・・・・・・・・67
応急住宅・・・・・・・・・・21
応急処置・・・・・・・・・・106
応急対応計画・・・・・・・・・31
大津波警報・・・・・・・・・・43
沖縄県本島近海地震（2008年）・・71
奥尻島・・・・・・・・・・・43
オフサイトセンター・・・・・・91

か 行

海溝型地震・・・・・・・・・・95
外傷後ストレス障害（PTSD）・・・109
確率論的安全評価手法・・・・・・88
火災被害・・・・・・・・・・41
活断層・・・・・・86, 95, 96, 99
河道閉塞・・・・・・・・・・92

ガラス破片落下・・・・・・・・36
関東大震災（1923年）・・・・・・1
危機管理・・・・・・・・・・9
　－庁構想・・・・・・・・・15
　－のサイクル・・・・・・・13
　内閣の－体制・・・・・・・14
　日本の－体制・・・・・・・12
　米国の－体制・・・・・・・10
企業の防災対策・・・・・・・・45
帰宅困難者・・・・・・・3, 21, 22
基盤等高線図・・・・・・・・・39
急性ストレス障害（ASD）・・・・109
旧山古志村・・・・・・・・・83
業務継続計画
　国土交通省の－・・・・・・・53
　徳島県の－・・・・・・・・54
緊急地震速報・・・・・・・・・67
　－の発表事例・・・・・・・69
　一般向け－・・・・・・68, 69, 72
　高度利用者向け－・・・・・・68
緊急援助隊・・・・・・・・・16
緊急事態宣言・・・・・・・・10
緊急対応・・・・・・・・・・84
緊急点検・・・・・・・・・・83
強震ネットワーク（K-NET）・・・39
釧路市・・・・・・・・・・・42
計測震度・・・・・・・・・・105
慶長地震（1605年）・・・・・・4
原子力安全委員会・・・・・・85, 87
原子力発電所
　－の事故・・・・・・・・・85
　－の地震対策・・・・・・・85
　－の耐震指針・・・・・・85, 86
　柏崎刈羽－・・・・・・85, 88, 90
チェルノブイリ事故・・・・・・85

浜岡―・・・・・・・・・85
建造物設計標準・・・・・・・90
高架橋梁
　　―の耐震性向上・・・・・・37
　　鉄道―の損傷状況・・・・・・90
航空写真・・・・・・・・・・89
高速道路の被災・復旧・・・・・87
神戸港メリケン波止場・・・・・30
神戸市
　　―安全都市づくり推進計画・・・31
　　―基本計画・・・・・・・・31
　　―地域防災計画地震対策編・・・28
国土地理院・・・・・・・・・42
国立病院機構災害医療センター・・69
こころのケア・・・・・・・109,110
固有地震説・・・・・・・・96
孤立集落
　　―対策・・・・・・・・64,65
　　―特有の課題・・・・・・62
　　―の定義・・・・・・・・59
　　―の発生状況・・・・・・60
　　―の特性・・・・・・・・60
　　―発生の具体事例・・・・・62
　　新潟県中越地震における―・・・60

さ 行

災害基本計画・・・・・・・・13
災害対策基本法・・・・・・16,26
災害復旧
　　―計画・・・・・・・・・29
　　―支援要請・・・・・・・84
山間部防災対策行動計画・・・・66
CCTV（有線テレビ）カメラ・・・89
GIS（地図情報システム）・・・・90
事業継続計画・・・・・・・45,48
　　―策定の流れ・・・・・・・49
　　―の普及率・・・・・・・55

　　ガス会社の―・・・・・・49
　　建設会社の―・・・・・・52
　　水道事業の―・・・・・・51
　　鉄道会社の―・・・・・・50
地震
　　―に強い地域づくり・・・・25
　　―に強い街づくり・・・・35
地震関連死・・・・・・・107,108
地震財特法・・・・・・・・25
地震対策
　　―アクションプログラム・・・28
　　―緊急整備事業計画・・・・28
　　都市ガスの―・・・・・・38
　　水道施設の―・・・・・・38
地震調査研究推進本部・・・・・95
地震動予測地図・・・・・・・95
地震ハザードステーション・・・95
地震防災
　　―基本計画・・・・・・・25
　　―緊急事業五箇年計画・・・・26
　　―戦略・・・・・・・・・19
　　―対策特別措置法・・・・・25
地震モーメント・・・・・・・96
静岡県
　　―地域防災計画・・・・・・27
　　―地震対策アクションプログラム・28
実働部隊の広域連携・・・・・・16
ジャストインタイム方式・・・・47
住宅密集地・・・・・・・・・41
集落散在地域・・・・・・・・64
首都直下地震・・・・・・・1,19
　　―対策大綱・・・・・・・19
　　―の被害想定・・・・・・1
初動体制の改善・・・・・・・9
人材育成・・・・・・・・・15
身体の管理・・・・・・・・106
震度（階級）・・・・・・・・97
　　―関連解説表・・・・・・98

索引

スタッフォード法（The Stafford Act）
・・・・・・・・・・・・・10
スマトラ沖地震（2004年）・・・・1
スリーマイル島原発事故（1979年）　10
設備の重要度分類・・・・・・・87
せん断破壊・・・・・・・・・36
前兆すべり・・・・・・・・・5
層崩壊・・・・・・・・・・・36

た　行

体外式心室除細動器・・・・・・106
大規模地震対策特別措置法（大震法）25
大規模土砂崩落・・・・・・・86
耐震改修・・・・・・・・・・20
　　　―促進税制・・・・・・20
　　建築物の―の促進に関する法律・・31
耐震診断・・・・・・・・・・20
耐震補強・・・・・・・・・・90
台湾921集集地震(1999年)・・・99
建物
　　―の耐震性向上・・・・・35
　　鉄筋コンクリート造の―・・・・36
断層
　　―線・・・・・・・・・101
　　―分布・・・・・・・・99
　　―モデル・・・・・・・97
地域危険度・・・・・・・・1, 3
地域内残留地区・・・・・・・22
地中構造物の被害・・・・・・40
中央防災会議・・・・・・1, 19, 26
中国四川大地震（2008年）・・・・1
中山間地・・・・・・・・・・59
チリ地震（2010年）・・・・・・1
津波対策・・・・・・・・・・43
ディブリーフィング・・・・・・111
天然ダム・・・・・・・・・・92
東海地震・・・・・・・・・1, 3
　　―観測情報・・・・・・5, 27
　　―対策大綱・・・・・・26
　　―注意情報・・・・・・5, 26
　　―に係わる地震防災対策強化地域・25
　　―に対する法律等・・・・25
　　―の被害想定・・・・・5
　　―予知情報・・・・・・5, 26
東京都
　　―震災対策条例・・・・・・3
　　―防災会議・・・・・・・1
東京湾北部地震・・・・・・・・2
東南海地震（1944年）・・・・1, 4
道路の震災復旧・・・・・・・88
十勝沖地震（1968年）・・・・36
土地条件図・・・・・・・・・43
鳥取県西部地震（2000年）・・85, 87
トラフ・・・・・・・・・・・3
トンネルの被災と復旧
　　鉄道―・・・・・・・・91
　　国道17号和南津―・・・・84

な　行

南海地震・・・・・・・・・1, 4
南海地震（1946年）・・・・・・4
新潟県中越沖地震（2007年）　1, 45, 47, 85
新潟県中越地震（2004年）・・1, 14, 42, 106,
　　　　　　　　　　　　　108, 110
日本海中部地震（1983年）・・・・43
濃尾地震（1891年）・・・・・105
ノースリッジ地震（1994年）・・・・9

は　行

ハイチ地震（2010年）・・・・・・1
ハイムリック法・・・・・・・107
パキスタン北部地震・・・・・・1
函館港・・・・・・・・・・・42

八都県市防災・危機管理対策委員会・・22
パニック・・・・・・・・・・・・・41
ハリケーンカトリーナ・・・・・・・12
阪神・淡路大震災・・・・・・1, 3, 9, 11, 25,
　　　　　　　　　　　29, 30, 35, 40, 45, 97
被害想定・・・・・・・・・・・・・1
　　人的－・・・・・・・・・・・・6
　　建物の－・・・・・・・・・・・6
非常時指揮システム・・・・・・・・15
避難者（所）・・・・・・・・・・・21
避難マップ・・・・・・・・・・・・22
P波・・・・・・・・・・・・・・・67
兵庫県南部地震（1995年）・・・・25, 29,
　　　　　　　　　　　　37, 42, 106, 110
PTSD（外傷後ストレス障害）・・・・・109
ピロティ形式・・・・・・・・・・・36
FEMA（連邦危機管理庁）・・・・・・・9
福岡西方沖地震（2005年）・・1, 36, 38, 83
不整形地盤・・・・・・・・・・・・39
復旧工事・・・・・・・・・・・・・84
不適合事象・・・・・・・・・・・・99
プレート・・・・・・・・・・・・3, 99
ブロック化・・・・・・・・・・・・50
ブロック塀倒壊・・・・・・・・・・36
プロテクター工法・・・・・・・・・85
宝永地震（1707年）・・・・・・・・・4
防災
　　－教育・・・・・・・・・・・・50
　　－拠点の整備・・・・・・・・・32
　　－白書・・・・・・・・・・・・16
　　－福祉コミュニティ・・・・・・32

防災対策
　　企業の－・・・・・・・・・・・45
　　山間部－行動計画・・・・・・・65
北海道東方沖地震（1994年）・・・42
北海道南西沖地震（1993年）・・42, 43

ま　行

マイコンメータ・・・・・・・・・・38
マグニチュード・・・・・・1, 67, 96
　　気象庁・・・・・・・・・・・・96
　　モーメント－・・・・・・・・・96
マンホールの浮上・・・・・・・・・42
無人化施工・・・・・・・・・・・・86
明応地震（1498年）・・・・・・・・・4
木造住宅・・・・・・・・・・・・・35
　　－密集地域整備事業・・・・・・20

や　行

余震・・・・・・・・・・・・・・・83
予測震度・・・・・・・・・・・・・68

ら　行

レオ・ボスナー・・・・・・・・・・12

編著者紹介

大塚久哲（おおつか・ひさのり）

1971 年　九州大学工学部土木工学科卒業。
1976 年　同大学大学院工学研究科博士課程修了。
同大学助手，助教授などを経て，
現在，九州大学大学院工学研究院教授。
著書
『詳解構造力学演習』（共著，共立出版）
『基礎弾塑性力学』（共立出版）
『詳解土木工学演習』（共著，共立出版）
『実践耐震工学』（共立出版）
監修・編著書
『中径間橋梁の動的耐震設計［改訂版］』（九州大学出版会）
『最新 地中・基礎構造の耐震設計［改訂増補版］』（九州大学出版会）
『地震時の構造不安定とその照査法』（共著，九州大学出版会）

じしんぼうさいがく
地震防災学
検索情報に基づいた地震防災の基礎知識

2011 年 3 月 31 日　初版発行
2011 年 6 月 20 日　初版 2 刷発行

　編著者　大　塚　久　哲
　発行者　五十川　直　行
　発行所　（財）九州大学出版会
　　〒812-0053　福岡市東区箱崎 7-1-146
　　　　　　　　九州大学構内
　　　　電話　092-641-0515（直通）
　　　　振替　01710-6-3677
　　　　　　印刷・製本／大同印刷㈱

© 2011 Printed in Japan　　ISBN 978-4-7985-0041-6

地震時の構造不安定とその照査法

大塚久哲・為広尚起　　　　　　　　　B 5 判 112 頁 3,800 円

本書は，構造物の地震時不安定現象を予測する新しい解析手法である「増分形式座屈固有値解析」を詳細に解説するものである。また，既設のアーチ橋の座屈性能照査事例や，耐震補強による座屈性能の改善が具体的に示されており，本手法を適用して，地震時不安定現象を見逃すことなく，地震に強い構造物の設計が行えるように配慮されている。

最新 地中・基礎構造の耐震設計〔改訂増補版〕

大塚久哲 監修　　　　　　　　　　　B 5 判 270 頁 5,000 円

地中構造物と杭基礎の2種類の地中構造物の耐震設計に関し，現在，実務で使用されている耐震設計法を初学者にも理解できるように平易に解説した上で，現時点で無理なく使用できると思われる解析ツールを用いた合理的な耐震設計法を提案する。

中径間橋梁の動的耐震設計〔改訂版〕

大塚久哲 監修
土木学会西部支部
中径間橋梁の耐震性向上に関する研究委員会 著

　　　　　　　　　　　　　　　　　B 5 判 280 頁 4,800 円

本書は，阪神大震災を契機に本格的に導入された橋梁の動的耐震設計に関し，コンクリート及び鋼製橋梁を対象に，非線形動的解析の手法，地震時挙動の特徴，耐震安全性の評価法，耐震補強の効果などについて検討を加えたものである。

土砂災害の警戒・避難システム

小川　滋・久保田哲也・平松晋也 編著　B 5 判 330 頁 7,000 円

豪雨による土砂災害に対して，最新の危険度予測と実用的な警戒・避難システムを目的に，研究開発を行った成果。研究者を始め広く地域住民，行政，民間産業などにとって実際に役立つ有用な内容であり，地域の防災システムづくりに多大な貢献をする。

雲仙火山災害における防災対策と復興対策
── 火山工学の確立を目指して ──

高橋和雄　　　　　　　　　　　　　　A 5 判 608 頁 7,800 円

雲仙普賢岳火山災害の災害応急対策から復興対策に至る経緯と災害対策・復興対策に関する市民のニーズを詳しく調査した結果，および火山災害対策の現状と課題の実態。また市街地に接近した活火山地域の防災および復興対策のあり方を提言する。

（表示価格は本体価格）　　　　九州大学出版会